HANS-RUDOLF HORN

Legitimation und Grenzen der Exekutive

Schriften zum Öffentlichen Recht

Band 361

Legitimation und Grenzen der Exekutive

Vergleichende Betrachtungen zur gegenwärtigen Verfassungsentwicklung in Mexiko und der Bundesrepublik Deutschland

Von

Dr. Hans-Rudolf Horn

DUNCKER & HUMBLOT / BERLIN

Gedruckt 1979 bei Buchdruckerei A. Sayffaerth - E. L. Krohn, Berlin 61
Printed in Germany

ISBN 3 428 04397 9

Meinen Sportfreunden
Dr. Joachim Linck, Dr. Michael Lippert
und Dr. Siegfried Jutzi
zum Dank für anregende Hinweise

Vorwort

Diese vergleichenden Betrachtungen zur gegenwärtigen Verfassungsentwicklung in Mexiko und der Bundesrepublik Deutschland gehen zurück auf drei Vorträge, die ich an der *Universidad Nacional Autónoma de México* (UNAM) am 8., 9. und 10. August 1978 in Mexiko-Stadt hielt. Die Einladung verdanke ich Dr. *Jorge Carpizo*, der damals für die Koordination der Geisteswissenschaften zuständig war und im Oktober 1978 die Leitung des international angesehenen *Instituto de Investigaciones Jurídicas* übernommen hat. Er beabsichtigt, die Vortragsreihe unter dem Titel „Legitimación y límites del poder ejecutivo — Reflexiones actuales sobre problemas político-constitucionales de los Estados Unidos Mexicanos y de la República Federal de Alemania" in Mexiko zu veröffentlichen.

Wenn auch gerade in der allerjüngsten Zeit eine eingehende Untersuchung der Wurzeln des mexikanischen Verfassungssystems erschienen ist (*Wehner*, Friedrich: Grundlagen einer mexikanischen Verfassungsgeschichte, Hamburg 1978, 234 Seiten), bleibt es erstaunlich, in welchem Maße Mexiko deutschen Juristen unbekannt ist. Die Veröffentlichung in der Reihe der Schriften zum Öffentlichen Recht, die sich schon mehrfach Fragen des ausländischen Rechts gewidmet hat, verfolgt aber nicht allein das Ziel, einen ersten Überblick über ein fremdes politisches System zu geben, dessen Bedeutung ständig zunimmt. Vielmehr stehen auch bei der Erörterung mexikanischer Verfassungsprobleme die Probleme im Blickpunkt, die sich aus der Verwirklichung des Grundgesetzes ergeben.

Bei der Vereinbarung der Themen der Vortragsreihe war die Aktualität noch nicht abzusehen, die einige erörterte Fragen inzwischen gewonnen haben. Das Verhältnis der Exekutive zum Bundesverfassungsgericht und zum Bundesrat, aber auch die Beziehungen zwischen dem Bund und den Ländern im Bildungsbereich und im Zusammenhang mit Problemen des kooperativen Föderalismus, sind Gegenstand von wissenschaftlichen und politischen Auseinandersetzungen geworden, die zunehmend heftiger geführt werden. Es schien geboten, die wichtigsten Veröffentlichungen und Gerichtsentscheidungen, die nachträglich bekannt wurden, noch in den Text einzuarbeiten. Dies gilt insbesondere für den Abschluß des Verfahrens vor dem *Bundesverfassungsgericht* wegen des *„Schnellen Brüters"* in Kalkar, das wegen seiner Bedeutung für das verfassungsrechtliche Verhältnis der drei Gewalten und der Frage der verfassungsgerichtlichen Zuständigkeiten ohnehin bereits angesprochen war.

Wenn es auch erforderlich war, den ursprünglichen Text zu ergänzen und abzuändern, um die Fragestellungen für den deutschen Leser zu präzisieren und um manche Ausführungen zu vertiefen und zu konkretisieren, wurde der Vortragsstil bewußt beibehalten und nicht der untaugliche Versuch unternommen, ihn durch eine monographische Form der Bearbeitung zu ersetzen.

Die ersten Abweichungen von dem ursprünglichen Manuskript waren freilich noch kurz vor dem Vortrag unvermeidbar. Die noch in aller Eile vorzunehmenden Änderungen waren nicht zu bedauern; denn sie kamen dem Anliegen des Verfassers entgegen, eine Verankerung der politischen Parteien nach dem Vorbild von Art. 21 GG und nach den Erörterungen der Enquete-Kommission Verfassungsreform des Deutschen Bundestages zu empfehlen. Kern der politischen Reform des Präsidenten *López Portillo* war eine Änderung der mexikanischen Verfassung von 1917, die eine umfassende Regelung der Aufgaben und politischen Strukturen der politischen Parteien zum Gegenstand hatte. Auf diese neue Bestimmungen war noch einzugehen.

Aus der jüngsten Zeit bedurfte noch ein weiteres verfassungspolitisches Ereignis der Berücksichtigung, das in unmittelbarem Zusammenhang mit den vorgelegten rechtsvergleichenden Betrachtungen steht. Die inzwischen in Kraft getretene Verfassung *Spaniens*, die vom spanischen Volk in der Abstimmung vom 6. Dezember 1978 angenommen wurde, sieht in einem eigenen Abschnitt eine Form der Verfassungsgerichtsbarkeit vor, die offenbar vom Modell des deutschen Bundesverfassungsgerichts, aber auch vom mexikanischen Amparo-Verfahren beeinflußt ist, wie sich bereits aus der Bezeichnung für die Verfassungsbeschwerde *recurso de amparo* ergibt. Der *schweizerische Entwurf für eine Totalrevision der Bundesverfassung*, der eine Verstärkung der verfassungsgerichtlichen Prüfungsbefugnisse des Bundesgerichts vorschlägt, konnte von vornherein als Beispiel dafür angeführt werden, daß trotz zahlreicher Gegenstimmen in der wissenschaftlichen Erörterung der Gedanke der Verfassungsgerichtsbarkeit zunehmend Verbreitung findet.

Herzlichen Dank schulde ich *Ignacio Burgoa*, *Jorge Carpizo* und *Héctor Fix Zamudio* für die freundliche Überlassung ihrer verfassungsrechtlichen Veröffentlichungen, die nicht nur in Mexiko zu den Standardwerken für Forschung und Lehre gehören, sondern internationales Ansehen genießen, und für ihre Diskussionsbeiträge zu dem Podiumsgespräch am 8. August 1978, das den Abschluß der Vortragsreihe bildete. Auch *Jorge Madrazo* bin ich für die Teilnahme an der Podiumsdiskussion, insbesondere aber für die Beratung bei der Fertigstellung des spanischen Vortragsmanuskripts, dankbar. Ich danke meinen Kollegen für viele nützliche Anregungen, *Joachim Linck* zu Problemen der Verfassungsreform in der Bundesrepublik Deutschland und in der Schweiz, *Michael Lippert* für grundlegende rechtsvergleichende Hinweise, *Siegfried Jutzi* und *Erich Heinz Mai* für Beiträge zur Erörterung föderativer Probleme und *Peter Paul Weinert* für den Hinweis auf den kanadischen Regierungsentwurf zur Einführung eines *House of the Federation.*

Hans-Rudolf Horn

Inhaltsverzeichnis

Abkürzungsverzeichnis

Abs.	=	Absatz
AöR	=	Archiv des öffentlichen Rechts
ARSP	=	Archiv für Rechts- und Sozialphilosophie
Art.	=	Artikel
Aufl.	=	Auflage
Bd.	=	Band
bes.	=	besonders
BVerfG	=	Bundesverfassungsgericht
BVerfGE	=	Entscheidungen des Bundesverfassungsgerichts (amtliche Sammlung)
BVerfGG	=	Bundesverfassungsgerichtsgesetz
BVerwG	=	Bundesverwaltungsgericht
CDU	=	Christlich-Demokratische Union Deutschlands
CSU	=	Christlich-Soziale Union
ders.	=	derselbe (Autor)
DÖV	=	Die öffentliche Verwaltung
DVBl.	=	Deutsches Verwaltungsblatt
f.	=	(und) folgende (Seite)
ff.	=	(und) folgende (Seiten)
FAZ	=	Frankfurter Allgemeine Zeitung
F.D.P.	=	Freie Demokratische Partei
GG	=	Grundgesetz für die Bundesrepublik Deutschland
Hrsg.	=	Herausgeber
JöR	=	Jahrbuch des öffentlichen Rechts der Gegenwart, herausgegeben von Gerhard Leibholz
JuS	=	Juristische Schulung
JZ	=	Juristenzeitung
NF	=	Neue Folge
NJW	=	Neue Juristische Wochenschrift
OVG	=	Oberverwaltungsgericht
PAN	=	Partido Acción Nacional (mexikanische Oppositionspartei)
PartG	=	Parteiengesetz
PRI	=	Partido Revolucionario Institucional (mexikanische Regierungspartei)
Sp.	=	Spalte
SPD	=	Sozialdemokratische Partei Deutschlands
s. o. N.	=	siehe oben (Fuß-)Note (die genaue Fundstelle enthält)
UNAM	=	Universidad Nacional Autónoma de México
VerwArch	=	Verwaltungsarchiv
VRÜ	=	Verfassung und Recht in Übersee, Vierteljahresschrift, herausgegeben von Herbert Krüger
ZParl	=	Zeitschrift für Parlamentsfragen
Zur Sache	=	Themen parlamentarischer Beratung, herausgegeben vom Presse- und Informationszentrum des Deutschen Bundestages
ZRP	=	Zeitschrift für Rechtspolitik

Einleitung

Die komplexe Frage, wie man die Ausübung der öffentlichen Gewalt rechtfertigen kann, welche die Freiheit des einzelnen Menschen beeinträchtigt, ist Gegenstand des politischen Denkens seit seinem Beginn in der Antike; die Kontinuität der Erörterung ist gerade dann als eindrucksvoll anzusehen, wenn man die Meinungsgegensätze berücksichtigt, wie sie bereits zwischen *Platon* und *Aristoteles*, oder aber auch zwischen *Hobbes* und *Rousseau* oder zwischen *Tocqueville* und *Marx* bestanden. Die Legitimation staatlicher Herrschaft ist nicht eine Frage, die man erst in der Neuzeit aufgeworfen hat, wie es bisweilen dargestellt wird[1]. Es ist freilich richtig, daß das Problem der Macht in jüngster Zeit zum zentralen Thema des Verfassungsrechts und der politischen Wissenschaften geworden ist[2]. Die Verwirklichung freiheitlicher Ideen vollzog sich nicht in einer gleichmäßigen Entwicklung; vielmehr war gerade das Entstehen des modernen Staates mit einschneidenden Rückschlägen und Schwierigkeiten für den betroffenen Bürger und die sich allmählich festigende Staatsgewalt verbunden, die mit den Stichworten Absolutismus und Revolution zu kennzeichnen sind.

Mit dem Fehlen der Bereitschaft, die öffentliche Gewalt als eine natürliche Macht hinzunehmen, ist das Bestreben verbunden, die Gründe für ihre Legitimation und ihre Grenzen immer eingehender zu prüfen. Gerade in jüngster Zeit ist die Zahl der Publikationen gewachsen, die sich Legitimationsfragen widmen[3]. Es ist nicht verwunderlich, daß sich

---

[1] So z. B. *Hoffmann*, Hasso, Legitimität und Rechtsgeltung, Schriften zur Rechtstheorie, Heft 64, Berlin 1977, S. 11, ihm folgend *Roellecke*, Gerd, Verfassungstreue und Schutz der Verfassung, DÖV 1978, 448 (457).

[2] So beispielsweise *Miranda Pachecco*, Mario, Crisis de poder y el poder ejecutivo en América Latina, in: Carpizo (Hrsg.), El predominio del poder ejecutivo en Latinoamérica, México 1977 (UNAM), S. 351. Zum Verhältnis von Recht und Macht vgl. *Engisch*, Karl, Auf der Suche nach der Gerechtigkeit, München 1971, bes. S. 113 ff., zum Verhältnis von Politik und Macht *Sánchez Agesta*, Luis, Principios de Teoría Política, 6. Aufl., Madrid 1976, bes. S. 83 ff.

[3] *Kriele*, Martin, hat seiner Einführung in die Staatslehre den Untertitel gegeben „Die geschichtlichen Legitimitätsgrundlagen des modernen Verfassungsstaates", dazu *Quaritsch*, Helmut, Der fortschreitende Verfassungsstaat, in: Der Staat 1978, 421 ff. Vgl. ferner *Kriele*, Legitimitätsprobleme der Bundesrepublik, 1977, *Würtenberger* jr., Thomas, Die Legitimation staatlicher Herrschaft, Berlin 1973, *Kielmannsegg*, Peter Graf, Volkssouveränität. Eine Untersuchung der Bedingungen demokratischer Legitimität, 1977. Vgl. aus

die dabei vertretenen Meinungen in vielen Punkten widersprechen; denn ideologische Überlegungen spielen bei der Diskussion über Aufgaben und Grenzen des Staates eine wesentliche Rolle. Dagegen kann man es eher als auffällig ansehen, daß sich eine bestimmte Neigung feststellen läßt, wieder stärker an überlieferte Gedankengänge anzuknüpfen, ohne die Ergebnisse zeitgenössischer Forschung zu vernachlässigen. Die Deutsche Vereinigung für Politische Wissenschaft widmete im Jahre 1975 einen gesamten Kongreß dem Problem der Legitimation politischer Systeme und den Möglichkeiten, moderne Staaten zu regieren[4]. In ähnlicher Weise widmete die Freiherr-vom-Stein-Gesellschaft ihr Fünfzehntes Cappenberger Gespräch am 27. Oktober 1978 in Mainz dem Thema der Regierbarkeit der parlamentarischen Demokratie.

In der Gegenwart bestreitet niemand mehr verbal, daß die *Volkssouveränität* die Grundlage legitimer staatlicher Macht ist. Die grundsätzliche Einmütigkeit über die Anerkennung des demokratischen Prinzips hat jedoch noch nicht zur Folge, daß Einigkeit über die Formen und Wege besteht, den Willen des Volkes zu beachten und zu verwirklichen.

Grundlegende Gedanken der Allgemeinen Staatslehre, der Rechtsphilosophie und der politischen Wissenschaften stehen nicht im Vordergrund unserer verfassungsvergleichenden Betrachtungen, auch wenn es bei vielen Erörterungen unvermeidbar sein wird, sie ausdrücklich oder auch nur stillschweigend einzubeziehen. Grenzen und Grundlagen der Exekutive sind in erster Linie eine Frage des Verfassungsrechts. Die Hervorhebung des juristischen Ausgangspunkts darf freilich nicht als eine Beschränkung auf eine rein normative Betrachtungsweise verstanden werden. Denn das Staatsrecht der Gegenwart stützt sich zwangsläufig auch auf Methoden, die aus anderen Bereichen der Sozialwissenschaften stammen[5].

Während früher nicht selten die Erfahrungstatsache übersehen wurde, daß sich die Wirklichkeit eines politischen Systems nicht notwendigerweise aus den Verfassungstexten ableiten läßt, stößt man

---

neuester Zeit besonders auch *Herzog*, Roman, in: Maunz / Dürig / Herzog / Scholz, RandNrn. 74 - 90 zu Art. 20 GG (1978) und *Zippelius*, Reinhold, Allgemeine Staatslehre, 6. Aufl., München 1978, S. 309 ff.

[4] Die wichtigsten Vorträge wurden von *Kielmannsegg* unter dem Titel „Legitimationsprobleme politischer Systeme" in Sonderheft 7/1976 der politischen Vierteljahresschrift veröffentlicht, vgl. auch *Hennis* (Hrsg.), Regierbarkeit, 1977.

[5] Vgl. beispielsweise *Valencia Carmona*, Salvador, und *Barquín*, Manuel, beide in: Carpizo (Hrsg. — s. o. N. 1), S. 425 und S. 65 f., *Valadés*, Diego, La dictadura constitucional en América Latina, México UNAM 1974, S. 10, der sich für einen „pluralismo metodológico", aber gegen einen „hibridismo ecléctico" ausspricht. Gegen „bloße Beziehungssoziologie" einerseits und reinen Normativismus andererseits *Zippelius* (s. o. N. 3), S. 33 ff.

heute umgekehrt auch bei Juristen auf die Neigung, sich bewußt darauf zu beschränken, politische Gegebenheiten ausschließlich als Phänomene der sozialen Wirklichkeit zu erfassen und weitgehend auf gesetzliche oder sonstige rechtliche Maßstäbe zu ihrer Beurteilung zu verzichten. Unter diesen Umständen ist es nicht überflüssig, auf die Bedeutung der Verfassungsnormen als verbindlichen Rahmen für die Betätigung staatlicher Organe hinzuweisen. Freilich können die Verfassungsurkunden keine hinlängliche Beschreibung aller Bedingungen enthalten, unter denen vom Standpunkt des Verfassungsrechts aus erhebliche Entscheidungen ergehen. Es ist daher unvermeidbar, auf Überlegungen zurückzugreifen, die über die Grenzen einer juristischen Betrachtung im herkömmlichen Sinn hinausgehen[6]. Es fehlt nicht an Bemühungen, den Zusammenhang zwischen der Dogmatik des Staatsrechts und den modernen sozialwissenschaftlichen Untersuchungsformen herzustellen. Kriterien zur Beurteilung der Funktionsfähigkeit politischer Systeme stellt die in der angelsächsischen Literatur entwickelte Lehre der *comparative government* zur Verfügung[7].

Unsere verfassungsvergleichenden Betrachtungen konzentrieren sich auf die *Volkssouveränität* als die Legitimitätsgrundlage der Exekutive und ihre Ausübung *im repräsentativen System* (1), die *politische Kontrolle* der Exekutive, die nicht nur von der unmittelbar gewählten Volksvertretung, sondern auch von den Organen des föderativen Systems ausgeht (2) und die *Verfassungskontrolle durch die Gerichtsbarkeit*, die sich auf den im Volke lebendigen *Grundkonsens* stützt (3). Die Risiken und Probleme eines solchen rechtsvergleichenden Versuches sind nicht zu übersehen.

Der gegenwärtige Stand der Verfassungsvergleichung entspricht kaum dem Fortschritt der Kommunikationsmöglichkeiten, die heute im Vergleich zu der Zeit zur Verfügung stehen, als Denker wie *Aristoteles*, *Bodin* oder *Montesquieu* beim Vergleich verschiedener Verfassungssysteme maßgebliche politische und rechtliche Kategorien des Staates entwickelten. Die Rechtsvergleichung wird bisweilen zu Unrecht als eine Errungenschaft der jüngsten Zeit hingestellt, der allein die Einsichten in entscheidende soziale und politische Entstehungszusammenhänge des Rechts zugetraut werden. In der Geistesgeschichte wurde aber stets die Rechtsvergleichung als ein Mittel zur Erkenntnis

---

[6] Vgl. *Luhmann*, Niklas, Funktionale Methode und juristische Entscheidung, AöR, Bd. 94 (1969), S. 1 ff. (5).

[7] *Spiro*, Herbert, Comparative Politics, a Comprehensive Approach, in: American Political Science Review, 1959/1962, S. 577, dazu *Lippert*, Michael R., Bestellung und Abberufung der Regierungschefs und ihre funktionale Bedeutung für das Regierungssystem, Schriften zum Öffentlichen Recht, Bd. 225, Berlin 1973, S. 31 ff. Vgl. auch die Untersuchungen von *Almond* und *Verba*, The Civic Culture, Princeton N.J. (die auch Mexiko einbeziehen), dazu *Quaritsch* (s. o. N. 3), S. 432.

und Deutung sozialer Gegebenheiten und Veränderungen der eigenen Gesellschaftsordnung angesehen, auch wenn es noch nicht die verfeinerten Methoden gab, die heute vor allem im Privatrecht bereits Gemeingut geworden sind. Unter diesen Umständen ist die noch anzutreffende Vernachlässigung der Verfassungsvergleichung im zeitgenössischen Wissenschaftsbetrieb kaum zu erklären. Sie steht im Gegensatz zu dem ständigen Zusammenwachsen unserer Welt auf wirtschaftlichen und politischen Gebiet, dem andere Zweige der Rechtswissenschaften auch zunehmend Rechnung tragen.

Lange Zeit konnte von einer systematischen Verfassungsvergleichung selbst in einem Teil der Welt nicht die Rede sein, der fast überall mit den gleichen Problemen zu kämpfen hat. Hinzu kommt, daß hier eine der wesentlichen Hürden der Rechtsvergleichung kaum eine Rolle spielt; es besteht keine Sprachbarriere, weil überall Spanisch oder das mit diesem eng verwandte Portugiesisch gesprochen wird. Bei der Eröffnung des *Ersten Lateinamerikanischen Verfassungsrechts-Kongresses*, der 1975 in Mexiko stattfand, sprach der argentinische Staatsrechtslehrer *Jorge Reinaldo Vanossi* davon, daß die Isolation der lateinamerikanischen Verfassungsrechtler in der Vergangenheit vielleicht durch die irrige Auffassung zu erklären sei, das öffentliche Recht sei in jedem Staat einmalig und unvergleichbar, sie wäre aber in der Gegenwart nicht mehr zu rechtfertigen. Er nannte es paradox, daß erst 1975 die erste Möglichkeit für eine Begegnung lateinamerikanischer Verfassungsrechtler aus allen Staaten der Hemisphäre geboten wurde[8].

Wenn man die Schwierigkeiten berücksichtigt, die so lange Zeit einem Erfahrungsaustausch zwischen Staaten, in denen dieselbe oder eine verwandte Sprache gesprochen wird, im Wege standen, könnte man es für eine unmögliche Aufgabe halten, die Verfassungsentwicklung von zwei Ländern zu vergleichen, die so verschieden sind wie Mexiko und Deutschland. Jeder Versuch einer solchen Verfassungsvergleichung wird zusätzlich erschwert durch den bekannten Mangel an technischer Strenge im öffentlichen Recht, auf den auch *Diego Valadés* bei der Eröffnung des erwähnten Verfassungsrechtskongresses hinwies[9]. Die Unterschiede, die sich aus der geographischen Lage, der

---

[8] *Vanossi*, Jorge R., in: Derecho y realidad constitucional en América Latina, México 1975, S. 27. Vgl. dazu *Horn*, Hans-Rudolf, Staatsrechtsdenken und Verfassungsvergleichung in Méxiko, Verfassung und Recht in Übersee (VRÜ), 1977, 461, sowie zu den Verhältnissen in Deutschland, *Hernekamp*, Karl, Überseeische Rechtsvergleichung — nicht länger Brachland deutscher Rechtswissenschaft, VRÜ 1976, 291.

[9] In: Derecho y realidad (s. o. N. 8), S. 24. Zu den grundsätzlichen methodischen Problemen der Verfassungsvergleichung *Sánchez Agesta*, Luis, Curso de Derecho constitucional comparado, 6. Aufl., Madrid 1976; zu den künftigen Aufgaben der Rechtsvergleichung allgemein neuerdings *Schmitthof*, Clive M., JZ 1978, 495.

Sprache und der Lebensweise ergeben, brauchen jedoch keine unüberwindbare Hürde für eine vorläufige Untersuchung zu einigen wenigen Kernfragen zu sein, die im aktuellen Verfassungsleben beider Staaten eine wichtige Rolle spielen.

Der Versuch einer vergleichenden Betrachtung erhält seine Motivierung weniger durch akademische Überlegungen als vielmehr durch praktische Einzelprobleme, bei denen sich aufschlußreiche Parallelen aufdecken lassen. Die Welt der Gegenwart wird geprägt durch politische und wirtschaftliche Gemeinsamkeiten und Interdependenzen, die trotz aller unbestreitbaren Unterschiede augenfällig sind. Die engen wirtschaftlichen Bande zwischen den beiden Ländern, die durch einen Ozean voneinander getrennt sind, manifestieren sich in der Tatsache, daß die deutschen Liebhaber des Volkswagen-Käfer, in seiner ursprünglichen Form das Symbol des sogenannten deutschen Wirtschaftswunders, heute aus Mexiko beziehen müssen. Ein wesentlicher Unterschied zwischen den beiden Staaten, der noch vor 15 oder 20 Jahren beachtlich war, ist entfallen: damals hätte kaum jemand vorausgesagt, daß Mexiko die Bundesrepublik Deutschland mit seiner Einwohnerzahl so schnell überflügelt.

1 Die Volkssouveränität im repräsentativen System

1.1 Die mexikanische Verfassung von Querétaro und das Grundgesetz von Bonn

1.1.1 Volkssouveränität in mexikanischen und deutschen Verfassungsnormen

Das Prinzip der Volkssouveränität und seine verfassungsrechtliche Ausgestaltung sind Gegenstand eingehender Regelungen in mehreren Artikeln der *Mexikanischen Verfassung,* die im Jahre 1917 in *Querétaro* als Ergebnis der *Mexikanischen Revolution* von 1910 verabschiedet wurde. Die nationale Souveränität liegt nach Art. 39 ihrem Wesen und Ursprung nach beim Volk; alle öffentliche Gewalt geht vom Volke aus und ist zu seinem Wohle eingerichtet. Das Recht zum Widerstand ist an anderer Stelle verankert: nach Art. 136 gewinnt das Volk seine Freiheit wieder, sobald durch einen öffentlichen Umsturz eine Regierung entgegen den Grundsätzen der Verfassung gebildet wird; es ist aber zugleich verpflichtet, die Beachtung der Verfassung wieder zu gewährleisten. Das unveräußerliche Recht des Volkes, die Regierungsform zu wechseln oder abzuändern, das am Ende des Art. 39 festgelegt ist, muß ebenfalls in dem Sinne ausgelegt werden, der sich aus dem Zúsammenhang der übrigen Artikel des Ersten Kapitels des 2. Titels der Mexikanischen Verfassung ergibt. Von daher ist es nicht zulässig, aus den Artikeln über die Volkssouveränität ein Recht auf Revolution abzuleiten. Denn nach Art. 40 ist es der Wille des mexikanischen Volkes, sich die Verfassung einer repräsentativen Bundesrepublik zu geben. Außerdem legt Art. 41 fest, daß das Volk seine Souveränität nach den Regeln der Verfassung durch die Gewalten des Bundes und der Staaten ausübt[1].

Dagegen gebrauchte der *Parlamentarische Rat,* der im Jahre 1949 in *Bonn* das *Grundgesetz der Bundesrepublik Deutschland* verabschiedete, ebensowenig wie frühere deutsche Verfassungen nicht den Begriff Souveränität. Davon abgesehen bekennt sich jedoch das Grundgesetz mit den gleichen Worten zu dem Gedanken, daß *alle* Staatsgewalt vom

---

[1] Vgl. *Tena Ramírez,* Felipe, Derecho Constitutional Mexicano, 14. Aufl., México 1976, S. 16 ff., *Carpizo,* Jorge, La Constitución Mexicana de 1917, 2. Aufl., México 1973, S. 197 ff., 267 ff., und *Burgoa,* Ignacio, Derecho Constitucional Mexicano, 2. Aufl. 1976, S. 252 ff., 372 ff.

Volke ausgeht. Diese Bestimmung in Art. 20 Abs. 2 Satz 1 GG stellt nicht nur einen allgemeinen Grundsatz auf, sondern enthält, wie mit Recht hervorgehoben wurde, eine Vollregelung mit unmittelbarer Geltungskraft, die anderen Regelungen in Art. 20 GG nicht in gleicher Weise zukommt[2]. Die Staatsgewalt wird, wie es im folgenden Satz von Art. 20 Abs. 2 GG heißt, vom Volk in Wahlen und Abstimmungen und durch besondere Organe der Gesetzgebung, der vollziehenden Gewalt und der Rechtsprechung ausgeübt. Damit wird auf den ersten Blick weniger deutlich als in der mexikanischen Verfassung, die ausdrücklich von *República representativa* spricht, das Prinzip der mittelbaren Demokratie hervorgehoben, weil die Komponenten der unmittelbaren Demokratie, nämlich die Wahlen und Abstimmungen, an erster Stelle genannt werden. Aus dem Gesamtzusammenhang des Textes von Art. 20 GG, aber auch aus anderen Bestimmungen wie Art. 21 und 28 GG, wird man jedoch den Schluß ziehen müssen, daß der Ausübung der Staatsgewalt durch Staatsorgane der Vorzug gegeben werden soll. Die starke Betonung des Prinzips der repräsentativen Demokratie bringt freilich die Gefahr einer Entfremdung zwischen den politischen Führungsorganen und dem Staatsvolk mit sich. Diesem Problem, das zutreffend als Frage der *demokratischen Rückbindung* gekennzeichnet wird, gelten unsere folgenden Untersuchungen in besonderem Maße[3].

Art. 20 Abs. 2 GG enthält zugleich das wichtige Prinzip der Gewaltenteilung, das in Mexiko Gegenstand einer besonderen Regelung ist. In Art. 49 der Mexikanischen Verfassung wird ausdrücklich das Verbot festgelegt, zwei oder drei der Gewalten in einer Person oder einem Organ zu vereinigen. Auch eine Regelung des Widerstandsrechts ist in denselben Verfassungsartikel (Art. 20 Abs. 4 GG) aufgenommen; sie ist freilich weniger umfassend und daher auch in geringerem Maße dem Mißverständnis ausgesetzt, es solle ein Recht auf Revolution anerkannt werden. Die Vorschrift wurde erst nachträglich im Zusammenhang mit den Notstandsgesetzen ins Grundgesetz eingefügt.

1.1.2 Regierungssysteme

Die Bestimmungen, die das Regierungssystem regeln, unterscheiden sich dagegen wesentlich dadurch, daß die verfassungsgebende Versammlung von Querétaro das *Präsidialsystem* beibehielt, das schon

[2] *Herzog*, Roman, in: Maunz / Dürig / Herzog / Scholz, RandNr. 33 zu Art. 20 GG (1978).

[3] *Herzog*, RandNrn. 38 und 69 zu Art. 20 GG, der auch insbesondere hervorhebt, daß die handelnden Staatsorgane nicht bei ihren konkreten Entscheidungen verfassungsrechtlich an den jeweils feststellbaren Volkswillen gebunden sind (RandNr. 62 zu Art. 20 GG). Zur „Rückkoppelung" repräsentativen Handelns an die öffentliche Meinung vgl. *Zippelius*, Reinhold, Allgemeine Staatslehre, 6. Aufl., München 1978, bes. S. 95 ff.

vor der Revolution von 1910 in Kraft war, und sich nicht für das parlamentarische System nach europäischem Vorbild entschied, das in Mexiko niemals funktioniert hat. Der Präsident wird nach Art. 81 der Verfassung unmittelbar vom Volk gewählt. Nach dem historischen Modell der Verfassung vom 4. Oktober 1824 heißt es in Art. 80, daß die Ausübung der obersten vollziehenden Gewalt bei einem Menschen liegt, der „Präsident der Vereinigten Mexikanischen Staaten" genannt werden soll.

Wenn alle öffentliche Gewalt vom Volke ausgeht, wie viele Verfassungen auf die gleiche oder auf ähnliche Weise vorschreiben, könnte man annehmen, daß eine Regierungsform, die sich auf eine unmittelbare Volkswahl des Regierungschefs stützt, leichter zu rechtfertigen sei, als dies im europäischen Parlamentarismus möglich ist. Der Unterschied zwischen den beiden Systemen ist aber keineswegs so bedeutsam wie bisweilen angenommen wird. Die *Mediatisierung der demokratischen Legitimation,* die übrigens auch in den USA anzutreffen ist, wo der Präsident erst durch ein Wahlmännergremium gewählt wird, beeinträchtigt im Ergebnis nicht das Prinzip der Volkssouveränität. Diese Behauptung bedarf der Erörterung unter verschiedenen Gesichtspunkten.

Bei den Wahlen zum *Deutschen Bundestag* geht es politisch in erster Linie um die Wahl des Regierungschefs. Dies ist auch ein Grund für die hohe Wahlbeteiligung von gewöhnlich mehr als 90 Prozent, ohne daß eine gesetzliche Wahlpflicht bestünde. Der Bundeskanzler, der nach Art. 65 die Bundesregierung leitet, die Richtlinien der Politik bestimmt und dafür die Verantwortung trägt, hat eine stärkere Stellung als der Reichskanzler der Weimarer Reichsverfassung und als Regierungschefs in anderen parlamentarischen Systemen. Der Bundespräsident, dem nur noch wenig von den Vorrechten eines Staatsoberhaupts verblieben ist, hat dagegen nur ein Vorschlagsrecht, das keine materielle Verpflichtungswirkung entfaltet[4]. Es hat sich die feste Übung herausgebildet, daß er nur einen Kandidaten benennt, bei dem sicher ist, daß er die erforderliche parlamentarische Mehrheit findet. Dies ist der in den Bundestagswahlen herausgestellte Kanzlerkandidat einer Partei, die allein oder zusammen mit einem Koalitionspartner die Mehrheit der gesetzlichen Mitgliederzahl des Deutschen Bundestages auf sich vereinigt. Nur der erste Bundestag hatte die rechtliche und politische Aufgabe, sich auf einen Kanzler aus seiner Mitte zu einigen. Er wählte *Konrad Adenauer,* der damals bereits 73 Jahre alt war, mit

---

4 *Lippert,* Michael R., Bestellung und Abberufung der Regierungschefs und ihre funktionale Bedeutung für das parlamentarische Regierungssystem, Schriften zum Öffentlichen Recht, Bd. 225, Berlin 1973, vor allem S. 254 ff. Zur „Legitimationskette" neuerdings eingehend *Herzog* (s. o. N. 2), RandNr. 53 zu Art. 20 GG.

der berühmten Mehrheit von einer Stimme. Alle folgenden Wahlen bis 1961 waren jedoch Wahlen Adenauers, ebenso wie man die Bundestagswahl von 1972 eine Wahl von *Willy Brandt* nennen kann. Ein vorangegangener Versuch, ihn mit Hilfe parlamentarischer Verfahren zu stürzen, scheiterte und war vielleicht eine zusätzliche Ursache, für seinen Wahlsieg im selben Jahr. Vom Standpunkt des Verfassungsrechts erscheint es paradox, daß sich der bedeutsamste Fall eines geglückten Sturzes des Regierungschefs in einem Präsidialsystem ereignete: Der amerikanische Präsident *Nixon* wurde zwar nicht juristisch, aber *de facto* durch den Kongreß abgesetzt.

Jorge Carpizo hat die Verfassungsbestimmungen, die sich auf die Volkssouveränität, die Regierungsform, den Vorrang der Verfassung und ihre Unverletzbarkeit beziehen, Leitprinzipien der rechtlichen Ordnung genannt[5]. Sie behandeln Fragen, die zu dem Kern unserer Betrachtungen über die Legitimation der Exekutive führen.

1.2 Die grundsätzliche Zustimmung des Volkes als unerläßliche Basis der politischen Ordnung

1.2.1 Repräsentation und Identität

Die grundsätzliche Zustimmung des Volkes stellt die unerläßliche Grundlage der politischen Ordnung dar. Sie enthält vielfältige Nuancen, die von den politischen Wissenschaften verschieden beschrieben werden; in Mexiko sind die Ausdrücke *„adhesión real"*, *„apoyo general"*, *„consenso general"* und *„respaldo público"* (tatsächliche Anhänglichkeit, allgemeine Unterstützung, allgemeiner Konsens, öffentlicher Rückhalt) gebräuchlich[6]. Die allgemeine Zustimmung kommt durch regelmäßige Wahlen zum Ausdruck. Die Volkssouveränität kann sich aber nicht auf einen Abstimmungsvorgang beschränken, der alle drei oder vier Jahre stattfindet, während sie in der gesamten Zwischenzeit vollständig den Volksvertretern mit der Folge übertragen wäre, daß Abgeordnete oder Senatoren nicht auf den öffentlichen Rückhalt angewiesen wären.

Alle demokratischen Verfassungen enthalten insofern einen scheinbaren Widerspruch, als sie sich einerseits auf das Prinzip der *Identität* des Volkes mit sich selbst stützen, das seine Souveränität ausübt, auf der anderen Seite auf das Prinzip der *Repräsentation* des Volkes durch

[5] *Carpizo* (s. o. N. 1), S. 160 ff., vgl. auch *Tena Ramírez*, S. 21 f., der in diesem Zusammenhang von der „verfassungsmäßigen Superstruktur" spricht, ein Ausdruck, der von *Haurious* „Superlegalität" inspiriert ist, dazu S. 22, Anm. 45.

[6] *Mols*, Manfred und *Tobler*, Hans Werner, Mexiko — Die Institutionalisierte Revolution, Köln/Wien 1976, S. 56 ff., 234 f. (*Mols*).

Personen oder Organe, die nicht identisch sind mit dem Volk, auch nicht im abstrakten Sinne; denn juristisch ist der Abgeordnete nicht der Vertreter seiner Wähler, sondern der gesamten Nation, wie es die modernen Verfassungstexte ausdrücklich festlegen. Diese Verfassungsvorschrift, die ihre Wurzeln im klassischen Liberalismus hat, war Gegenstand wiederholter Kritik. Man hat gesagt, die Behauptung, der Abgeordnete repräsentiere als Mitglied des Parlaments die Nation, sei mehr als eine Abstraktion oder eine Fiktion, es handele sich um einen Widersinn[7]. Ein ähnlicher Gedanke wurde schon von *Jean Jacques Rousseau* zum Ausdruck gebracht, der betonte, die Souveränität könne nicht repräsentiert werden, weil sie auch nicht veräußert werden könne. Deshalb wurde die Meinung vertreten, das repräsentative Element sei das undemokratische in der Demokratie.

Jorge Carpizo hat mit Recht hervorgehoben, daß das repräsentative System ein Gedanken ist, der sich in einem Prozeß der Evolution befindet[8]. Er legt die Gründe dar, die seine Meinung rechtfertigen sollen, daß eine Zwischenform zwischen der direkten Regierung und einem repräsentativen Herrschaftssystem vorzuziehen sei, und bezieht sich ausdrücklich auf das Modell der Schweiz. Auch in Europa trifft man immer wieder auf die Auffassung, daß plebiszitäre Einrichtungen die Emanzipation der Repräsentanten von den Repräsentierten verhindern sollen[9]. In der französischsprachigen Literatur begegnet man in diesem Zusammenhang dem Ausdruck *„démocratie semi-directe"*, der nicht immer den Beifall der deutschsprachigen Schweizer Autoren findet, die darauf hinweisen, daß „halb-direkt" einen pejorativen und revisionsträchtigen Unterton hat, der den Gedanken an eine „Demokratie der Halbheit" nahelegt und die Forderung nach einer Ausweitung der plebiszitären Faktoren zu Folge hat. *Kurt Eichenberger* stellt jedoch das identitär-demokratische Gemeinwesen nicht als das tatsächliche Ideal der Schweizer dar und zieht es vor, das Zusammenspiel und Gegenspiel repräsentativer und plebiszitärer Komponenten, die sich innerhalb des schweizerischen Regierungssystems ergänzen, in den Vordergrund zu stellen; er nennt dabei die Legitimität der repräsentativen Komponente „einigermaßen intakt"[10].

---

[7] So *Carré de Malberg*, zitiert von *Carpizo* (s. o. N. 1), S. 270 ff. Vgl. auch *Burgoa* (s. o. N. 3), S. 506 ff., der sich wie *Carpizo* besonders auch auf *Rousseau* beruft und *Carré de Malberg* ausführlich zitiert, zum Problem des Referendums, S. 548 f.

[8] *Carpizo* (s. o. N. 1), S. 271, zum folgenden S. 272 ff.

[9] So beispielsweise neuerdings *Weber*, Karl, Föderalismus als Instrument demokratischer Konfliktregelung, in: Esterbauer, Fried (Hrsg.), Föderalismus, Wien 1977, S. 51 ff., S. 61.

[10] *Eichenberger*, Kurt, Zusammen- und Gegenspiel repräsentativer und plebiszitärer Komponenten im schweizerischen Regierungssystem, ZParl 1977, 318 ff.

In einer direkten Demokratie, die man sich in einer Zwergrepublik vorstellen kann, in der alle Bürger auf einem Platz zusammenkommen, ist der Eindruck möglich, daß das Volk selbst in seiner unmittelbaren Anwesenheit und Identität als Volk handelt und von einer Repräsentation könne nicht mehr die Rede sein, oder — wie Kant sagte — „So repräsentiert das vereinigte Volk nicht bloß den Souverän, sondern *ist* dieser selbst“[11]. In Wirklichkeit handeln, wie *Carl Schmitt* hervorgehoben hat, äußerstenfalls nur alle erwachsenen Angehörigen des Volkes und nur solange, als sie gerade versammelt sind. Alle aktiven Staatsbürger zusammen genommen sind nicht als Summe die politische Einheit des Volkes, sondern repräsentieren sie.

Es gibt keinen Staat ohne Repräsentation[12]. Wie gerade Rousseau hervorhebt, auf den sich die Kritiker des repräsentativen Systems beziehen, nimmt jeder einzelne nicht als Individuum in seiner natürlichen Existenz an der Volksversammlung teil, sondern als Staatsbürger, als *citoyen*.

Das gleiche gilt erst recht für den Staatsbürger, der in der modernen Massendemokratie zur Wahlurne geht. Bei der Ausübung seines Stimmrechts handelt er nicht isoliert von den anderen, sondern auch er ist Vertreter des ganzen Volkes, wie der Abgeordnete in Art. 51 der mexikanischen Verfassung, in Art. 38 des Grundgesetzes und in den meisten Verfassungen definiert wird. Selbst wenn die Staatsbürger wie insbesondere in der Schweiz in einem Referendum über eine konkrete Angelegenheit entscheiden, die sie unmittelbar angeht, bleiben immer noch Elemente der Repräsentation wirksam, weil auch in dem Fall im Prinzip davon auszugehen ist, als Privatleute und Privatinteressenten tätig werden, sondern eben als Staatsbürger, die unabhängig und „an Aufträgen und Weisungen nicht gebunden“ bleiben.

Jede politische Einheit beruht auf einer menschlichen Entscheidung und ist nicht von Natur aus vorhanden. Natürliche Gegebenheiten können freilich die Bildung einer politischen Einheit erheblich erleichtern. Die politische Identität des Volkes mit sich selbst in seiner unmittelbaren Gegenwart besteht jedoch zu keinem Zeitpunkt und an keinem Ort. Wenn der Versuch unternommen wird, direkte Demokratie in reiner Form zu verwirklichen, führt dies im Ergebnis zur Auflösung der politischen Einheit. Denn für die politische Einheit kann nicht stets

---

[11] *Kant*, Rechtslehre II § 52, zitiert von *Schmitt*, Carl, Verfassungslehre, 4. Aufl., Berlin 1965, S. 206.

[12] *Schmitt* (s. o. N. 11), S. 206 ff., im gleichen Sinne *Leibholz*, Gerhard, in: Evangelisches Staatslexikon, 2. Aufl. 1975, Spalte 1859 ff., *Kaiser*, Joseph, in: Staatslexikon, 6. Aufl., Band VI, Freiburg 1961, Sp. 865 ff., *Stern*, Klaus, Das Staatsrecht der Bundesrepublik Deutschland, Band I, München 1977, S. 750 ff., und *Madrid Hurtado*, Miguel de la, Estudios de Derecho Constitucional, México UNAM 1977, S. 152 ff.

die Gesamtheit der Staatsbürger handeln; sie ist vielmehr auf ihre Repräsentanten angewiesen. Ohne Repräsentation ist keine Regierung möglich.

Die immer wieder laut werdende Kritik am Prinzip der Repräsentation findet Nahrung in der festgestellten Diskrepanz zwischen der gesetzlichen Repräsentation und der wirklichen Repräsentation und kann sich auf Fälle mangelnder Übereinstimmung zwischen Regierung und öffentlicher Meinung berufen, die nicht unbedingt mit veröffentlichter Meinung gleichzusetzen ist. Sobald die Verbindung zwischen dem Volk und seinen Repräsentanten gelockert oder unterbrochen wird, kann das repräsentative System nicht mehr seine eigentliche Aufgabe erfüllen, die in der Integration der politischen Einheit besteht. Ebensowenig wie das Prinzip der Identität kann das Formprinzip der Repräsentation verabsolutiert und das repräsentierte Volk ignoriert werden. Das ist schon deshalb unmöglich, weil es — wie *Carl Schmitt* gesagt hat (s. o. N. 12) — keine *Repräsentation ohne Öffentlichkeit* und *keine Öffentlichkeit ohne Repräsentation* gibt.

Die Gefahr, daß sich die Repräsentanten in unvertretbarem Ausmaß von den Repräsentierten emanzipieren, kann jedoch nicht die Bestrebungen rechtfertigen, die vorgeben, das Phänomen der Repräsentation seines Mythos' zu entkleiden, und Parlamente und repräsentative Organe als bequeme Instrumente oder Symbole der Herrschaft denunzieren. Im Grunde lassen solche Kritiken den grundlegenden Argwohn gegenüber der politischen Aufgabe erkennen, die repräsentative Organe erfüllen. Diese besteht nämlich darin, den friedlichen Wechsel von Regierungen und die Auswahl der Regierenden durch Ausleseprozesse und Wahlen zu ermöglichen[13]. Die Überschätzung des Identitätsprinzips kann jede Regierung entscheidend schwächen und gefährliche Wirren verursachen. Die wahrscheinlichste Folge einer Ideologie, die rundweg das Repräsentationsprinzip ablehnt, ist es aber, daß die Identität des Volkes mit seiner Regierung vorgegeben oder fingiert wird. Nach diesem Rezept pflegen Diktatoren wie *Hitler* vorzugehen, dessen Schlagwort „Ein Reich, ein Volk, ein Führer" war.

1.2.2 Plebiszitäre Elemente

Die *Enquete-Kommission des Deutschen Bundestages*, die den Auftrag erhalten hatte, die Möglichkeiten einer *Verfassungsreform* zu prüfen, untersuchte die Frage, auf welche Weise die Mitwirkung des Volkes am politischen Leben verbessert werden kann. Nach eingehenden jahrelangen Beratungen setzte sich die Überzeugung durch, daß

---

[13] *Sánchez Agesta*, Luis, Principios de la teoría política, 6. Aufl., Madrid 1976, S. 302 ff., vgl. auch *Stern* (s. o. N. 12), S. 750 ff.

Volksbefragung, Volksbegehren, Volksentscheid und andere Formen der Volksinitiative keine geeigneten Instrumente seien, die Legitimation und Handlungsfähigkeit der Demokratie zu verstärken. In dem Bericht der Enquete-Kommission Verfassungsreform wird betont, daß ein Gemeinwesen, das eine so hochorganisierte und hochdifferenzierte Struktur hat wie die Bundesrepublik Deutschland, ohne repräsentative oberste Leitungsorgane, die dem einheitlichen Handlungszusammenhang der staatlichen Organisation Maß und Richtung geben, nicht bestehen kann[14]. Es ist nicht möglich, die existenznotwendige repräsentative politische Leitungsgewalt abzubauen oder zu minimalisieren, um angeblich damit ein Mehr an Demokratie zu erreichen. Es geht vielmehr darum, sie in einer Weise zu organisieren, die eine möglichst unmittelbare Legitimation durch das Volk und die Rückbindung an den Volkswillen gewährleistet.

Die Mehrheit der Mitglieder der Enquete-Kommission Verfassungsreform stand auf dem Standpunkt, daß *plebiszitäre Elemente* nach dem Vorbild der Schweiz, *Instrumente der Desintegration* werden könnten; denn sie geben gerade auch demagogischen und sogar reaktionären Bewegungen besondere Entfaltungsmöglichkeiten. Die Erfahrungen in der Schweiz beweisen, daß sogar in einem traditionellen System der Volksinitiativen und Referenden die Gefahr unverkennbar ist, daß Vorurteile und emotionale Faktoren den Ausschlag geben. Dies mag auch damit zusammenhängen, daß die Fragen, die den Bürgern zur Abstimmung vorgelegt werden, zu kompliziert sind. Jedenfalls läßt sich in der Schweiz die zunehmende Neigung feststellen, an Abstimmungen und Wahlen nicht mehr teilzunehmen. Der international angesehene schweizerische Verfassungsrechtler *Kurt Eichenberger* legt in einer skeptischen, bisweilen auch ironischen Form dar, daß die Schweiz mit den eingeführten Volksrechten leben muß, ob — wie er sagt — zur „eigenen Legendenbildung oder nicht, ob zum gemeinen Wohl oder nicht, ob zum Stolz oder zum Verruf oder auch nur wegen der Unfähigkeit eines starrköpfigen Volkes zur Wirklichkeitseinsicht“[15]. Auch in der Schweiz kann das repräsentative Element die plebiszitären Faktoren beiseiteschieben und vor Augen führen, daß unter bestimmten Voraussetzungen die Volksvertreter allein die angemessenen Entscheidungen treffen können und müssen[16].

---

[14] Der Deutsche Bundestag hatte am 22. Februar 1973 einstimmig die Einsetzung einer *Enquete-Kommission Verfassungsreform* beschlossen (vgl. Bundestagsdrucksache 7/214). Das Ergebnis der Beratungen und die Empfehlungen zur Verfassungsreform wurden am 2. Dezember 1976 vorgelegt und vom Bundestag auch in: Zur Sache 3/76 und 2/77 veröffentlicht; vgl. insbesondere Zur Sache 3/76, S. 47 ff., 49, 55 (Bundestagsdrucksache 7/5924).

[15] *Eichenberger* (s. o. N. 10), S. 327.

[16] *Eichenberger*, S. 330 mit praktischen Beispielen.

Trotz dieser skeptischen Stimmen denkt in der Schweiz kein Verfassungsrechtler ernsthaft daran, die plebiszitären Elemente einzuschränken, da man sie als wesentliche Formen einer wirklichen Mitwirkung des Volkes an der Gesetzgebung ansieht. Daher ist es nicht verwunderlich, daß das Schweizer Modell keineswegs an Attraktivität eingebüßt hat. In diesem Sinne hat der mexikanische Staatspräsident *López Portillo* in der Begründung seiner Initiative zur Reform der Verfassung 1977 auch ein Gesetz angekündigt, das die Anordnungen und Gebiete bestimmt, die Gegenstand eines *Referendums* oder einer *Volksinitiative* sein sollen; eine solche Regelung soll freilich auf das Gebiet der Hauptstadt, den *Bundesdistrikt*, beschränkt bleiben.

1.2.3 Volksabstimmung über die Verfassung

Beim Vergleich der Schweizerischen Bundesverfassung und vieler anderer demokratischer Verfassungen mit der mexikanischen Verfassung von 1917 und dem Bonner Grundgesetz von 1949 fällt ein wesentlicher Unterschied auf, der als gemeinsamer Geburtsfehler bezeichnet werden könnte: unsere beiden Grundgesetze wurden nicht in einer Volksabstimmung gebilligt. Auch die verfassungsgebenden Versammlungen gingen nicht aus Wahlen hervor.

Die *Mexikanische Verfassung* von 1917 ist das Werk einer Versammlung, die der siegreiche Chef der Mexikanischen Revolution, *Venustiano Carranza*, ohne allgemeine und freien Wahlen nach Querétaro einberufen hatte, weil die Hauptstadt noch ein zu unruhiges Pflaster war. Ursprünglich war überhaupt nicht beabsichtigt, eine neue Verfassung zu schaffen. Bis zuletzt ging man davon aus, daß es sich um eine Reform der Verfassung von 1857 handelte. Wer aber das Prinzip der Volkssouveränität ernst nimmt, kann eigentlich den Verzicht auf eine Volksabstimmung über die Verfassung nicht entschuldigen, die ohne die Zustimmung der Staatsbürger nur als ein Entwurf angesehen werden kann[17]. Auf der anderen Seite wird aber sagen müssen, daß es keine juristisch faßbaren Regeln gibt, die geeignet sind, die verfassungsgebende Gewalt rechtlich zu binden. Man darf auch nicht die politische Situation außer acht lassen, die den Umstand erklärt, daß man von einer auferlegten Verfassung sprechen kann, wie es *Tena Ramírez* tat[18]. Die Folgen der Revolution waren mit dem Sieg *Carranzas* noch nicht beendet, der nur eine vorläufige Ordnung schaffen konnte.

---

17 *Carpizo* (s. o. N. 1), S. 278 ff., und *Herzog*, Roman, Allgemeine Staatslehre, Frankfurt am Main 1971, S. 278 ff.

18 *Tena Ramírez* (s. o. N. 1), S. 81. Zur verfassungsgebenden Versammlung von Querétaro neuestens *Wehner*, Friedrich, Grundlagen einer mexikanischen Verfassungsgeschichte, Hamburg 1978, S. 169 ff.

In Westdeutschland war der *provisorische Charakter* im Jahre 1949 beabsichtigt. Man zog den Ausdruck *„Grundgesetz“* dem Wort „Verfassung“ vor, um dies noch stärker zu betonen. Es handelt sich um den seltenen Fall, daß eine Verfassungsurkunde ausdrücklich und feierlich als eine vorläufige Lösung bezeichnet wird. In der Präambel wurde festgelegt, daß dieses Grundgesetz beschlossen wurde, „um dem staatlichen Leben für eine Übergangszeit eine neue Ordnung zu geben“. Im letzten Artikel, in Art. 146, bestimmt das Grundgesetz, daß es seine Gültigkeit an dem Tage verliert, an dem eine Verfassung in Kraft tritt, die von dem deutschen Volke in freier Entscheidung beschlossen worden ist.

In Art. 144 des Grundgesetzes heißt es, daß es der Annahme durch die Volksvertretungen in zwei Dritteln der deutschen Länder bedarf, in denen es zunächst gelten soll. Alle Länderparlamente außer dem Bayerischen, das mehr Rechte für die Länder forderte, stimmten dem Entwurf des *Parlamentarischen Rates* in Bonn zu, der ebenfalls nicht unmittelbar aus freien Wahlen hervorgegangen, sondern von den Landtagen in der amerikanischen, britischen und französischen Zone gewählt worden war. Aber eine zweite Abstimmung des Bayerischen Landtages bestätigte, daß dieser „Freistaat“ — wie sich allein Bayern nennt — zur Bundesrepublik Deutschland gehört[19].

Die *Weimarer Reichsverfassung* wurde zwar auch wie die zwei Jahre ältere Mexikanische Verfassung nicht in einer Volksabstimmung gebilligt. Sie ging aber aus einer *Nationalversammlung* hervor, die eigens zur Ausarbeitung einer Verfassung in allgemeinen, freien, geheimen und gleichen Wahlen gewählt worden war. Dementsprechend konnte die demokratische Legitimation in Art. 181 mit folgenden Worten hervorgehoben werden: Das Deutsche Volk hat durch seine Nationalversammlung diese Verfassung beschlossen und verabschiedet. Das Bonner Grundgesetz verfügt dagegen nicht über eine vergleichbare unmittelbare Verankerung in dem Prinzip der Volkssouveränität, da der Parlamentarische Rat nicht direkt vom Volk, sondern von den Parlamenten der Länder der drei westlichen Besatzungsmächte gewählt wurde. Im Vergleich zur Weimarer Verfassung ist es aber bereits doppelt so lang in Kraft wie diese.

Die politische Stabilität, die von der *Mexikanischen Verfassung von Querétaro* ausgegangen ist, hat keine Vorgänger in der Geschichte Mexikos und unterscheidet sich von den meisten übrigen lateinamerikanischen Ländern. Seit 45 Jahren beendete jeder Staatspräsident seine verfassungsmäßige Amtszeit. Die Verfassung ist stillschweigend vom mexikanischen Volk ratifiziert worden, das am politischen Leben,

---

[19] Vgl. *Laufer*, Heinz, Das föderative System der Bundesrepublik Deutschland, München 1973, S. 50.

insbesondere an den Wahlen, teilnahm[20]. In gleicher Weise stützt man die Legitimation des Grundgesetzes auf die Zustimmung des Volkes, die sich zunächst in der ersten Bundestagswahl von 1949 und dann in den folgenden Wahlen ausdrückte. *Roman Herzog* räumt ein, daß es sich dabei um eine bedenkliche Konstruktion handelt, folgt aber im Ergebnis der herrschenden Meinung[21].

Einigkeit besteht weitgehend darüber, daß die Beteiligung an den Wahlen bei der Untersuchung, inwieweit sich ein politisches System auf die grundsätzliche Zustimmung des Volkes berufen kann, eine wichtige Rolle spielt. Eine überproportionale Wahlenthaltung kann das Zeichen einer Krise sein, die auf einen Mangel an Loyalität zurückzuführen ist. Eine normale Wahlbeteiligung, die *Luis Sánchez Agesta* auf 60 oder 70 Prozent schätzt, bedeutet ein Gefühl der Verbundenheit mit einem politischen System und einen hohen Stand der Integration und der Akzeptanz gegenüber den Werten und Entscheidungsverfahren eines Regierungssystems, dem die Fähigkeit zugetraut wird, die entscheidenden Probleme der Gesellschaft aufzugreifen und zu lösen[22].

1.3 Die Mittlerfunktion der politischen Parteien

1.3.1 Verfassungsnormen über politische Parteien

Die Verfassungstexte enthalten gemeinhin die rechtlichen Voraussetzungen, die jemand erfüllen muß, um Regierungschef werden zu können; unerwähnt bleibt jedoch stets das Erfordernis, das in den zeitgenössischen Demokratien in der Regel unerläßlich ist: der Leiter der Exekutive muß *von einer politischen Partei als Kandidat benannt* worden sein. Man wird auch nicht sagen können, daß es sich hier um eine Frage handelt, die vollständig außerhalb der rechtlichen Betrachtung liegt. Von daher muß es erstaunlich erscheinen, daß das Staatsrecht lange Zeit die politischen Parteien vernachlässigte. *Georg Jellinek* hat in seiner „Allgemeinen Staatslehre" 1913 eine damals typische Haltung zum Ausdruck gebracht, als er schrieb: „In der staatlichen Ordnung aber hat der Begriff der Parteien als solcher keine Stelle[23]."

---

[20] *Tena Ramírez* (s. o. N. 1), S. 81, *Arnáiz Amigo*, Aurora, Instituciones Constitucionales Mexicanas, México UNAM 1975, S. 115, Note 68.

[21] *Herzog* (s. o. N. 17), S. 315; zur herrschenden Meinung vgl. neuerdings *Stern* (s. o. N. 12), S. 122 ff. mit Hinweisen auf Gerichtsentscheidungen und Veröffentlichungen, die sich mit dem Problem der verfassungsgebenden Gewalt befassen.

[22] *Sánchez Agesta* (s. o. N. 13), S. 288.

[23] 3. Aufl. 1913, S. 114, zitiert bei *Stern* (s. o. N. 12), S. 325. *Richard Schmidt* war einer der ganz wenigen, der in seiner 1901 erschienenen Allgemeinen Staatslehre in Band 1 den politischen Parteien einen Abschnitt widmete und ihre Bedeutung betonte (S. 239 ff.), wie *Stern*, S. 326, hervorhebt.

Er meinte sogar, das Parteileben zeige so viele wunderliche und unberechenbare Elemente, daß vieles an ihm wissenschaftlicher Behandlung vom höheren Standpunkt aus überhaupt spotte.

Lange Zeit widmete keine Verfassung den politischen Parteien nur ein Wort. Auch in der Mexikanischen Verfassung von 1917 erwähnte man zunächst die Parteien nicht. Die Weimarer Reichsverfassung, die in Deutschland zwei Jahre später verkündet wurde, sprach von der politischen Partei in abschätzigem Ton, indem sie in Art. 130 festlegte „Die Beamte sind Diener der Gesamtheit, und nicht einer Partei".

In *Deutschland* übernahm nach dem Zweiten Weltkrieg zuerst die Verfassung des Landes Baden von 1947 einige Grundprinzipien über die politischen Parteien in vier Artikeln. Man war sich bewußt geworden, daß das Scheitern des politischen Systems von Weimar in erster Linie ein Versagen der politischen Parteien war[24]. Im allgemeinen kennt man auch in Deutschland diese bemerkenswerten Verfassungsbestimmungen nicht; denn das Land Baden wurde Teil des größeren Landes Baden-Württemberg, das 1952 eine eigene Verfassung erhielt. Es wäre überflüssig gewesen, die Bestimmungen des Grundgesetzes zu wiederholen, das inzwischen in Kraft getreten war. Im Hinblick auf die weiteren Erörterungen ist es nützlich, den *Art. 21 des Grundgesetzes* zu zitieren, der sich den politischen Parteien sehr eingehend widmet:

„(1) Die Parteien wirken bei der politischen Willensbildung des Volkes mit. Ihre Gründung ist frei. Ihre innere Ordnung muß demokratischen Grundsätzen entsprechen. Sie müssen über die Herkunft ihrer Mittel öffentlich Rechenschaft geben.

(2) Parteien, die nach ihren Zielen oder nach dem Verhalten ihrer Anhänger darauf ausgehen, die freiheitliche demokratische Grundordnung zu beeinträchtigen oder zu beseitigen oder den Bestand der Bundesrepublik Deutschland zu gefährden, sind verfassungswidrig. Über die Frage der Verfassungswidrigkeit entscheidet das Bundesverfassungsgericht.

(3) Das Nähere regeln Bundesgesetze."

Der Entwurf der Expertenkommission für die Vorbereitung einer Totalrevision der Bundesverfassung der *Schweiz* übernahm einige Grundzüge der deutschen Regelung. In Art. 68 ist folgender Text vorgesehen:

„(1) Die politischen Parteien wirken an der Meinungs- und Willensbildung des Volkes mit.

(2) Den politischen Parteien können nach Bundesgesetz staatliche Beiträge und andere Leistungen ausgerichtet werden.

(3) Eine Leistung wird an die Voraussetzung geknüpft, daß sich die politischen Parteien nach demokratischen Grundsätzen organisieren und betätigen, daß sie im Nationalrat über eine Mindestzahl von Sitzen

[24] Vgl. u. a. *Stern* (s. o. N. 12), S. 327 ff.

verfügen und über Herkunft und Verwendung ihrer Mittel öffentlich Rechenschaft ablegen."

In *Mexiko* hat gerade am Ende des Jahres 1977 die politische Reform von Präsident *López Portillo* die Rechte und Aufgaben der politischen Parteien im Text der Verfassung verankert. Diese Verfassungsänderung bedarf näherer Erörterung. Doch ist es zunächst erforderlich, die Verwirklichung der deutschen Verfassungsbestimmungen aus dem Jahre 1949 über die politischen Parteien zu behandeln.

1.3.2 Deutsche Verfassungsrechtsprechung

In der Bundesrepublik Deutschland spielt die Rechtsprechung des *Bundesverfassungsgerichts* eine sehr wichtige Rolle bei der Entwicklung des *Rechts der politischen Parteien*, wenn sie auch nicht von Widersprüchen frei ist.

In seinen ersten Entscheidungen, die vor allem durch den Verfassungsrichter *Gerhard Leibholz* geprägt wurde, hat das Bundesverfassungsgericht aus der Einbeziehung der politischen Parteien in das Verfassungsrecht den Schluß gezogen, sie übten „Funktionen eines Verfassungsorgans" aus[25]. Diese Auffassung stieß auf Kritik, vor allem von *Herbert Krüger;* denn sie hätte zur Folge, daß den Parteien von der Verfassung unmittelbar Rechte verliehen und sie damit zu Organen des Staates würden[26]. Inzwischen hat das Bundesverfassungsgericht seine Rechtsprechung in wesentlichen Punkten modifiziert. Geltung behalten haben dagegen seine Definitionen der Parteien als *„Instrumente, durch die der Bürgerwille auch zwischen den Wahlen verwirklicht werden kann"* oder als *„Sprachrohr des Volkes"*. Sie schaffen und erhalten die Verbindung zwischen dem Volk und der politischen Führung; sie sammeln die auf die politische Macht und ihre Ausübung gerichteten Meinungen, Interessen und Bestrebungen, gleichen sie aus, formen sie und versuchen, ihnen im Bereich der staatlichen Willenbildung Geltung zu verschaffen.

Es ist nicht das Monopol der Parteien, zur politischen Willensbildung beizutragen, und sie sind auch nicht Bestandteil des Systems der öffentlichen Aufgaben. Der Art. 21 des Grundgesetzes gibt ihnen lediglich den Auftrag, die unerläßliche Ergänzung des repräsentativen Systems darzustellen. Man kann sie Zwischenglieder nennen zwischen den Staatsorganen und der Bildung des politischen Willens in der Gesellschaft. Auf der anderen Seite benötigen die staatlichen Leitungsorgane

---

25 BVerfG 4, 27 (30), dazu und zum folgenden *Stern* (s. o. N. 12), S. 339 f.

26 *Krüger*, Herbert, Allgemeine Staatslehre, 2. Aufl., Stuttgart, S. 371. Vgl. ferner zur Frage der Qualität als Verfassungsorgan *Forsthoff*, Ernst, DÖV 1956, 513, *Leibholz*, Gerhard, JöR Band 6 (1957), S. 112, 127, *Seifert*, Karl-Heinz, DÖV 1956, 1 ff., dazu *Stern* (s. o. N. 12), S. 339.

die Parteien, um ihre Entscheidungen dem Volk gegenüber zu begründen und zu erklären. Dabei handelt es sich nicht um eine leichte Aufgabe. Die Parteien sind *Faktoren der Integration*[27].

1.3.3 Das deutsche Parteiengesetz

In Deutschland gelang es erst 1967, ein Parteiengesetz endgültig zu verabschieden, das bereits von der Verfassungsnorm des Jahres 1949 vorgeschrieben war, nachdem im Jahr zuvor das Bundesverfassungsgerichtsgesetz das erste Parteiengesetz für verfassungswidrig erklärt hatte. Das geltende Gesetz definiert die Parteien als Vereinigung von Bürgern, die dauernd oder für längere Zeit für den Bereich des Bundes oder eines Landes auf die politische Willensbildung Einfluß nehmen und an der Vertretung des Volkes im Deutschen Bundestag oder einem Landtag mitwirken wollen; vorausgesetzt wird, daß die Ernsthaftigkeit dieser Bestrebungen durch die Gesamtheit der tatsächlichen Verhältnisse, insbesondere nach Umfang und Festigkeit ihrer Organisation, der Zahl ihrer Mitglieder und nach ihrem Auftreten in der Öffentlichkeit gewährleistet ist (vgl. § 2 Abs. 1 des Parteiengesetzes vom 24. Juli 1967). Diese Begriffsbestimmung konzentriert sich auf äußere Umstände und formale Kategorien, wie es in einem Gesetzestext notwendig ist.

Die Politikwissenschaften arbeiten dagegen weitere Elemente der Partei heraus, die über die Formen der Organisation hinausgehen. Dabei pflegen die gemeinsamen Überzeugungen der Mitglieder einer Partei betont zu werden, deren Ziel es ist, die öffentliche Gewalt auszuüben, um eine politische Ordnung zu errichten, zu reformieren oder zu verteidigen[28].

Die meist diskutierte Frage war und ist heute noch die *Finanzierung der politischen Parteien* aus öffentlichen Mitteln. Das Bundesverfassungsgericht hat in seiner bereits angeführten Entscheidung aus dem Jahre 1966 entschieden, daß das Grundgesetz die Finanzierung der allgemeinen Aufgaben der Parteien durch öffentliche Mittel nicht zuläßt, daß aber die *Kosten eines angemessenen Wahlkampfes* erstattet werden können[29]. Gestützt auf diese Entscheidung billigt das Parteien-

---

[27] Vgl. zum ganzen *Stern* (s. o. N. 12), S. 340, ferner S. 253, sowie den Bericht der Enquete-Kommission Verfassungsreform, veröffentlicht in: Zur Sache 3/76, S. 50 ff. Vgl. auch schon *Mohl*, Robert von, Die Parteien im Staate, in: Weber-Fas, Der Staat, Bd. 2, 1977, S. 147 ff., bes. S. 149. Der Entwurf der spanischen Verfassung vom 26. Oktober 1978 nennt die politischen Parteien „instrumento fundamental para la participación política" (Art. 6); im übrigen wird der Gedanke der Mitwirkung bei der politischen Willensbildung übernommen.

[28] *Sánchez Agesta* (s. o. N. 13), S. 255 sei hier statt vieler ähnlicher Definitionen angeführt.

[29] BVerfGE 20, 56.

gesetz von 1967 einen Betrag aus öffentlichen Mitteln zu, dessen Höhe von der Zahl der in den Wahlen erreichten Stimmen abhängig ist. Die Leistungen können schon vor den Wahlen gewährt werden. Wenn auch der Begriff der Wahlkampfkosten bisweilen weit ausgelegt wird, bleibt die finanzielle Situation aller politischen Parteien prekär. Über parteipolitische Grenzen hinweg besteht Einvernehmen unter den Politikern, daß Schritte erforderlich sind, um zu einer Lösung des Finanzierungsproblems zu gelangen. Über den Weg, der zu beschreiten ist, scheint freilich vorerst keine Einigung in Sicht.

In der *Schweiz* erörterten die Verfassungsexperten bei der Vorbereitung ihres Entwurfs einer Totalrevision eingehend die Nachteile einer öffentlichen Finanzierung der Parteien. Diese begünstigt in jedem Fall die bestehenden mächtigen Parteien, die zu quasi-staatlichen Organen werden könnten. Eine weitere Folge wäre eine stärkere Überschwemmung des Bürgers mit Wahlpropaganda ohne informativen Gehalt. Es fällt auf, daß die Verfassungsexperten schließlich doch ein Finanzierungsmodell vorschlugen, das sich nicht nur am deutschen Vorbild orientiert, sondern darüber hinausgeht[30]. Es wurde betont, daß die Parteien Mittler zwischen Staat und Gesellschaft seien und daß sie von den finanzstarken und immer bestimmender werdenden Interessengruppen unabhängiger gemacht werden müßten. Ohne öffentliche Unterstützung — so wird befürchtet — leidet die Tätigkeit der Parteien unter Dilettantismus und kann den Anforderungen auf dem Gebiet der Heranbildung des politischen Nachwuchses, der Auslese der Kandidaten und der Öffentlichkeitsarbeit nicht in dem erstrebten Umfang gerecht werden. Der wesentliche Unterschied des schweizerischen Verfassungsentwurfs zu Art. 21 des Grundgesetzes besteht darin, daß die Möglichkeit, den Parteien durch Bundesgesetz *öffentliche Mittel zur Verfügung zu stellen,* im *Verfassungstext* verankert und lediglich von der demokratischen Struktur der Parteien abhängig gemacht werden soll.

1.3.4 Innere Ordnung der Parteien

Die innere Ordnung der Parteien muß *demokratischen Grundsätzen* entsprechen, wie in Art. 21 des deutschen Grundgesetzes und im gleichen Sinne in Art. 68 des schweizerischen Verfassungsentwurfs ausdrücklich bestimmt wird. Das Parteiengesetz vom 24. Juli 1967 konkretisiert die verfassungsrechtlichen Vorschriften durch eine Gesamtheit von Einzelregelungen[31]. Hervorzuheben sind die Bestimmungen über Gliederung, Organe, Parteitag und die Rechte und Pflichten der Mit-

---

[30] Bericht der Expertenkommission für die Vorbereitung einer Totalrevision der Bundesverfassung, Bern 1977, S. 147.

[31] Hierzu und zum folgenden *Stern* (s. o. N. 12), S. 332 ff.

glieder. In dem gesetzlichen Rahmen, der durch das Grundgesetz, das Parteiengesetz und in gewissem Umfang auch durch das bürgerliche Recht umrissen wird, steht es den Parteien frei, sich in ihrer Satzung die Strukturen zu geben, die von Mehrheit der Mitglieder der Partei gebilligt werden. Für diese Entscheidungen müssen der Parteitag oder die Hauptversammlung der Mitglieder bzw. ihrer gewählten Vertreter zuständig sein. Eine demokratische Organisation gebietet eine Willensbildung von unten nach oben und verbietet eine diktatorähnliche Stellung des politischen Führers; nicht zulässig ist demnach, was man in Mexiko *„desde arribismo"* (das „Von-Oben-Herab") nennt. Das Parteiengesetz verlangt alle zwei Jahre eine Neuwahl des Vorstandes, der kollegial zusammengesetzt sein muß (§ 11 Abs. 1 PartG). Es schreibt ferner eine *föderative Gliederung* vor. Eine Gliederung in Landesverbände ist die Regel. Eine Ausnahme ist die CSU, die als Landespartei nur in Bayern besteht. Die Landesverbände sind im allgemeinen in Bezirks-, Kreis- und Ortsverbände untergliedert.

Trotz dieser eingehenden Regelungen ist kein Zweifel darüber möglich, daß die verfassungsrechtlich vorgeschriebene innerdemokratische Ordnung in den Parteien nicht im gleichen Umfang verwirklicht werden kann wie es von den staatlichen Organen verlangt werden muß. In der Regel dürfen, wie man zutreffend gesagt hat, die Parteien hinter dem großen und aufwendigen Apparat der staatlichen Demokratie zurückbleiben[32]. Ein gewisses demokratisches Defizit bleibt unvermeidbar. Die innere Organisation einer politischen Partei wird stets mehr oder minder von politischen Persönlichkeiten geprägt. Es ist insbesondere nicht möglich, daß die repräsentativen Gremien der Parteien jederzeit die Entscheidungen fällen, die wegen ihrer politischen Bedeutung nach der Satzung eigentlich ihnen vorbehalten sind. Satzungen können kaum so ausgestaltet werden, daß sie politische Aktivitäten der handelnden Parteipolitiker effektiv einengen oder hemmen. Keine Partei kann auch daran vorbeigehen, daß wegen des bereits erörterten personalplebiszitären Charakters der meisten Wahlen das Interesse der Wähler zu beachten ist, daß bestimmte führende Persönlichkeiten, die in hohen Staatsämtern tätig sind oder für sie kandidieren, in der Öffentlichkeit herausgestellt werden. Im Vordergrund steht die politische Aufgabe, die den Parteien zukommt. Von daher kann es nur darum gehen, einige wesentliche rechtliche Grundsätze durchzusetzen, die dann aber auch unverzichtbar sind, um die verfassungsmäßig vorgeschriebene, demokratischen Grundsätzen entsprechende innere Ordnung zu gewährleisten.

---

[32] *Seifert*, Karl Heinz, Die politischen Parteien im Recht der Bundesrepublik Deutschland, 1975, S. 190 ff., dazu mit weiteren Nachweisen *Stern* (s. o. N. 12), S. 333 f.

1.3.5 Mexikanische Normen über die Parteien

In *Mexiko* erwähnte die Verfassung die Partei zum ersten Mal im Jahre 1962: in Art. 54 war bei der Einführung neuer Vorschriften über das Wahlsystem von *„Diputados de Partido“* („Abgeordnete der Partei“) die Rede, eine Regelung, die inzwischen durch das noch zu erörternde Prinzip der *representación proporcional* ersetzt wurde, und in Art. 63, der weiterhin gilt, wurde die Verantwortung der politischen Parteien für den Fall geschaffen, daß Kandidaten von Minderheitsparteien, die gewählt worden sind, sich weigern, ihr Mandat als Abgeordneter oder Senator auszuüben. Auf diese Weise hatten wiederholt politische Parteien dagegen protestiert, daß ihnen nicht die Zahl von Mandaten zuerkannt wurde, auf die sie glaubten, einen Anspruch zu haben[33].

Die politische Reform von Präsident *José López Portillo* verankerte die Funktion der politischen Parteien durch ein am 6. Dezember 1977 verkündetes Gesetz im Text der Verfassung. In Art. 41 wurden fünf Absätze angefügt, die Rechte und Aufgaben der politischen Parteien weitgehend in demselben Sinne beschreiben, wie wir gerade dargelegt haben. Die Verfassungsreform vom 6. Dezember 1977 umreißt Zweck und Funktion der Parteien in den neuen Absätzen des Art. 41, welcher sich mit der Ausübung der Volkssouveränität befaßt, so:

> „Die politischen Parteien sind Körperschaften *(entidades)* des öffentlichen Interesses; das Gesetz bestimmt die besonderen Formen ihrer vermittelnden Aufgaben beim Wahlvorgang.
>
> Die politischen Parteien haben den Zweck, die Mitwirkung des Volkes am demokratischen Leben zu fördern, zur Integration der nationalen Repräsentation beizutragen und als Organisationen von Bürgern diesen den Zugang zur Ausübung der öffentlichen Gewalt gemäß den Programmen, Grundsätzen und Vorstellungen, welche sie vertreten, und im Wege der allgemeinen, freien, geheimen und unmittelbaren Wahl zu ermöglichen. Die politischen Parteien haben entsprechend den Formen und Verfahren, die das Gesetz festlegt, das Recht auf dauernden Gebrauch der Medien der sozialen Kommunikation.
>
> Bei den Bundeswahlen müssen sie in angemessener Form über ein Minimum von Elementen für ihre Betätigung verfügen, die sich auf die Teilnahme an der Volkswahl erstreckt.
>
> Die politischen Parteien das Recht, an den Wahlen in den Staaten und Gemeinden teilzunehmen.“

Das Ausführungsgesetz zur Verfassungsreform, das durch diese vorgeschrieben wurde, erging gleichzeitig im Dezember 1977 *(Ley Federal de Organizaciones Políticas y Procesos Electorales)*. Es umfaßt 246 Artikel, die sehr eingehend alle Fragen regeln, welche mit der politischen Tätigkeit der Parteien und mit den Wahlen zusammenhängen. Was beispielsweise unter dem „Minimum von Elementen für ihre Betäti-

---

[33] Vgl. *Tena Ramírez* (s. o. N. 1), S. 286.

gung", von denen im Verfassungstext die Rede ist, verstanden werden soll, ergibt sich aus Art. 49, Abs. 2 Sección C, des Ausführungsgesetzes. Es handelt sich um die praktischen Voraussetzungen für die Führung des Wahlkampfes, das Recht auf Plakatierung und die Verteilung von Propagandamaterial, zugleich aber auch um Vorschriften zur Verhinderung des Mißbrauchs dieser Rechte, wie zum Beispiel das Verbot, Plakate an Kunstdenkmälern, öffentlichen Gebäuden und Gebäuden aus der Kolonialzeit anzubringen.

Nach Art. 25 Abs. 3 des Ausführungsgesetzes müssen die Satzungen der politischen Parteien die Verfahren zur Erneuerung der Parteiführung enthalten und die Aufstellung der Kandidaten regeln. Außerdem sind die organisatorischen Erfordernisse der inneren Demokratie, wie eine Nationalversammlung, ein nationales Exekutivkomitee und ein entsprechendes Gremium in den Bundesstaaten vorgeschrieben. Um den weniger entwickelten Staaten entgegenzukommen, genügt es, wenn wenigstens in der Hälfte der Staaten oder der Hälfte der Wahlbezirke über eine entsprechende Organisation der Partei besteht. Das gleiche gilt für die Voraussetzungen einer Registrierung der Partei, die in den besagten Teilgebieten jeweils 3 000 eingeschriebene Mitglieder und in der gesamten Republik mindestens 65 000 Mitglieder aufweisen muß (Art. 27).

Die Regierungspartei *Partido Revolucionario Institucional (PRI)* hatte in ihre Satzung aus dem Jahre 1972 bereits sehr eingehende Regelungen zur *Gewährleistung der inneren Demokratie* aufgenommen. Die Rechte der Parteimitglieder, die Leitungsgremien der Partei zu wählen und selbst in diese gewählt zu werden, an dem Verfahren teilzunehmen, die der Nominierung von Kandidaten dienen und selbst nominiert zu werden, aber auch Kritik zu üben, um nach der Satzung und ihren Ausführungsbestimmungen die eigene politische Betätigung und die der Partei zu verbessern, sind satzungsgemäß verankert[34]. Die nationale Versammlung, die als das oberste Organ den Parteipräsidenten

[34] Declaración de principios, Programa de acción, Estatutos — publicación de Comisión Nacional Editorial del PRI, México 1972, S. 73 (Art. 16). Zur Struktur der PRI — die, wenngleich unter verschiedenen Namen, seit 1929 das politische Leben in Mexiko maßgebend bestimmt — vgl. neuerdings vor allem *Mols*, Manfred und *Tobler*, Hans Werner, Mexiko, Die institutionalisierte Revolution, Köln und Wien 1976, früher schon *Furtak*, Robert K., Revolutionspartei und politische Stabilität in Mexiko, Hamburg 1969, und *Horn*, Hans-Rudolf, México: Revolution und Verfassung, Hamburg 1969, bes. S. 58 ff. zur „offiziellen Partei". — Zum Fehlen einer inneren Demokratie (im Jahre 1970) vgl. *Tena Ramírez* (s. o. N. 1), S. 300. *Ellrodt* sprach in seinem Bericht in der FAZ vom 25. 8. 1978 über den PRI-Parteitag von einer „dekorativen Abstimmungsmaschine", als welche die 4000 Delegierten der 13 Millionen Mitglieder dienten, und nennt die PRI „die älteste Regierungspartei der westlichen Hemisphäre".

und den Generalsekretär des nationalen Exekutivkomitees wählt, tritt zumindest alle 6 Jahre zusammen (Art. 67 bis 69).

Im Parteiprogramm und in der Satzung von 1972 treffen wir auch auf einige entscheidende Gesichtspunkte, die bereits bei der Beschreibung des deutschen Parteienrechts aufgezeigt wurden. Die PRI betrachtet sich selbst als eine „Zwischenorganisation" *(organización intermedia)* zwischen Staat und Gesellschaft. Der Gedanke, daß parteiinterne Entscheidungsprozesse nicht denen von Verfassungsorganen vergleichbar sind, wird in verschiedenem Zusammenhang zum Ausdruck gebracht. Auch das *Demokratiedefizit in der Binnenstruktur* politischer Parteien wird ausdrücklich angesprochen. In Art. 120 der Satzung ist davon die Rede, daß der interne Prozeß der Nominierung von Kandidaten mit dem Grad der wirtschaftlichen, sozialen, politischen und kulturellen Entwicklung, den das Land erreicht hat, kongruent sein muß, daß die verschiedenen voneinander abweichenden Stadien der Entwicklung in den jeweiligen sozio-geographischen Strukturen und Regionen zu berücksichtigen sind. Daraus wird die Notwendigkeit einer Flexibilität abgeleitet, die sich nach den spezifischen Eigenschaften der unterschiedlichen Regionen richtet[35].

1.3.6 Parteiämter und Staatsämter

Das Postulat der grundsätzlichen Trennung der Funktionen des Staates und der Parteien ist unverzichtbar, um die unerläßliche Neutralität des Staates gegenüber dem Bürger zu gewährleisten. Auf diesem Grundgedanken beruht auch die Empfehlung des Ersten Lateinamerikanischen Verfassungsrechtskongresses 1975, die Möglichkeit zu prüfen, auf welche Weise, auch durch gesetzliche oder verfassungsrechtliche Vorschriften, die Stellung des Führers der „offiziellen Partei" von der des Chefs der Exekutive getrennt werden kann. Es handelt sich freilich um eine Forderung, die von den Kongreßteilnehmern nicht unbedingt und uneingeschränkt erhoben wird, wie sich aus dem Zusatz „je nach den Besonderheiten des betreffenden Landes" ergibt[36].

In den parlamentarischen Systemen nach europäischem Vorbild ist die Lage im allgemeinen verschieden. Man wird sagen können, daß eine Trennung der Funktionen des Parteiführers und des Regierungschefs

---

[35] a.a.O. (s. o. N. 34), S. 117, zur Heterogenität der PRI, die keine Partei einer Klasse, sondern mehrer Klassen ist vgl. S. 8. Zu den gescheiterten Versuchen einer innerparteilichen Demokratisierung unter Präsident Echeverría vgl. *Mols* (s. o. N. 34), S. 226 ff., speziell zur Nominierung der Präsidentschaftskandidaten *Carpizo*, Jorge, Poder Ejecutivo, in: Fix-Zamudio (Hrsg.), Evolución de la organización político-constitucional en América Latina, México UNAM 1978, S. 73 ff., 81 ff.

[36] Derecho y realidad constitucional en América Latina, UNAM 1975, S. 11, veröffentlicht auch in VRÜ 1977, 475.

geeignet sein kann, die Stellung der Exekutive zu schwächen. Dies ist auch gerade das Ziel der erwähnten Empfehlung; denn die Vorherrschaft der Exekutive in Lateinamerika war eines der Hauptthemen des Verfassungskongresses, das sehr eingehend erörtert wurde[37]. In England, wo die moderne Demokratie die längste Tradition aufweist, beruht die Macht des Premierministers vor allem auf seiner Fähigkeit, seine Partei zu führen und das Parlament zu dirigieren. Man hat in Deutschland vor kurzem in Veröffentlichungen die Meinung vertreten, daß dort die Trennung der Stellung des Parteivorsitzenden, des Bundeskanzlers und des Fraktionsvorsitzenden offenkundige Nachteile mit sich brachte[38]. Denn der Kabinettsmechanismus beruht auf der Disziplin der Mehrheit der Abgeordneten, die nach einer Bemerkung von *Walter Bagehot* nicht als *„warm partisans"* innerhalb der Regierungspartei agieren dürfen[39].

Wenn auch die beschriebenen Unterschiede zwischen dem Parlamentarismus und dem Präsidialsystem bedeutsam sind, können sie nicht als so entscheidend angesehen werden, daß sie eine völlig unterschiedliche Betrachtung rechtfertigen könnten. Auch im Präsidialsystem ist der Präsident auf die Unterstützung seiner Partei angewiesen, selbst wenn er ein noch so persönliches Regiment führt. In Mexiko stellt diese Frage kein Problem dar; denn niemand kann bestreiten, daß der *Präsident der Republik der wahre Chef der Regierungspartei* ist, wenn auch offiziell der Präsident der PRI stets ein anderer ist[40]. Man wird es bezweifeln müssen, ob es möglich wäre, diese Situation durch Vorschriften der Verfassung oder eines Gesetzes zu beeinflussen, aber ebenso erscheint es fraglich, ob es wünschenswert wäre. Denn der Regierungschef benötigt in jeder Demokratie den Rückhalt in seiner Partei um so stärker, je mehr er sich von einer autokratischen Regierungsform entfernt. Wie es in einer weiteren Empfehlung des Verfassungskongresses heißt, erfordern die Komplexität des gegenwärtigen politischen Lebens und die Bedürfnisse einer Politik der Entwicklung der Völker Lateinamerikas eine Exekutivgewalt, die in der Lage ist, die spezifischen Probleme ihrer Länder zu erkennen und zu lösen.

---

[37] Die Beiträge zum Ersten Lateinamerikanischen Verfassungskongreß in Mexiko, die sich diesem Thema widmeten, sind von *Carpizo* unter dem Titel „El predominio del poder ejecutivo en Latinoamérica" 1977 herausgegeben worden.

[38] *Hennis*, Wilhelm, Parteienstruktur und Regierbarkeit, in: Hennis (Hrsg.), Regierbarkeit, Studien zur ihrer Problematisierung, Bd. 1, Stuttgart, S. 150 ff., 172 ff.

[39] Vgl. *Hennis* (s. o.), S. 152.

[40] Zur prekären Stellung des Parteipräsidenten *Furtak* (s. o. N. 34), S. 59 ff. und *Carpizo* (s. o. N. 1), S. 358 sowie (s. o. N. 35), S. 86.

1.4 Das Problem des gerechten Wahlverfahrens

1.4.1 Fragen des Wahlrechts

Vom Standpunkt der Volkssouveränität ist das gerechte Verfahren von Wahlen und Abstimmungen als das zentrale Problem der *Legitimation und Repräsentation* anzusehen[41]. Von daher könnte man erwarten, daß die wichtigsten Grundzüge des Wahlrechts in den Verfassungstexten verankert wären. In Mexiko schufen die Väter der Verfassung schon 1917 eine größere Zahl von Vorschriften über Fragen der Wahl als in Deutschland, wo man sich mit der Norm begnügte, daß die Wahlen allgemein, unmittelbar, frei, gleich und geheim sein müssen (Art. 38 Abs. 1 GG). Die Art. 51, 52, 53 und 54 der mexikanischen Verfassung wurden durch die politische Reform von 1977 erneut ergänzt und verändert, um das Wahlverfahren festzulegen. Es wurde weder das System der Mehrheitswahl, wie es in den angelsächsischen Ländern besteht, in reiner Form verwirklicht, noch wurde das Verhältniswahlsystem übernommen, wie es in der Weimarer Reichsverfassung und in der geltenden schweizerischen Bundesverfassung verankert ist. In Mexiko bevorzugte man wie auch in der Bundesrepublik Deutschland ein Wahlsystem, das die Nachteile vermeidet, die beide Systeme bei einer isolierten Anwendung aufweisen können.

Die Vielfalt der Wahlsysteme ist ein Zeichen für die Schwierigkeit, Wahlgesetze zu schaffen, die einen adäquaten Ausdruck des Volkswillens gewährleisten. Vom Standpunkt der Gleichheit der Stimmen aus erscheint die *Verhältniswahl* das gerechteste Verfahren; denn es gibt jeder Stimme das gleiche Gewicht. Auf diese Weise repräsentiert das Parlament alle Meinungen, die sich in der Bevölkerung organisiert haben. Man kann freilich nicht sagen, daß das System der Verhältniswahl stets einwandfrei funktioniert hätte. Das Schicksal der Weimarer Republik ist kein Vorbild, das Nachahmung verdient. Es bestanden so viele Parteien und Vereinigungen, die vorgaben, Parteien zu sein, daß es häufig unmöglich war, konstruktive Mehrheiten zu finden, um eine parlamentarische Regierung zu bilden.

Man kann aber auch nicht sagen, daß das System der reinen *Mehrheitswahl* in reiner Form, das aus England, dem Ursprung der modernen Demokratie, kommt, unter allen denkbaren Bedingungen und in jeder Hinsicht zu zufriedenstellenden Ergebnissen führt. Vielmehr ist

---

[41] Vgl. *Carpizo* (s. o. N. 1), S. 267 und 279, der unter Bezug auf *Georges Burdeau* vom „parallelismo perfecto entre las concepciones políticas de democracia y las variaciones de técnica de representación" spricht, und *Stern* (s. o. N. 12), S. 453 ff. aber auch S. 229 ff., wo die ausschlaggebende Bedeutung des Wahlrechts für Legitimation und Repräsentation betont wird (S. 231).

vom Standpunkt des Wählers aus bedenklich, daß eine äußerst knappe Mehrheit genügt, um in einem Wahlbezirk einen Parlamentssitz zu gewinnen, während alle übrigen Stimmen, deren Zahl sich der des von dem Wahlsieger errungenen annähert, verloren gehen. Eine Mehrheit im Parlament kann von einer Partei erreicht werden, auch wenn sie weniger Stimmen erhielt als die Oppositionspartei. Die Liberale Partei, die bei den letzten Wahlen zum britischen Unterhaus fast 20 Prozent der Wählerstimmen auf sich vereinigen konnte, wird bei dem gegenwärtigen Wahlsystem niemals im Parlament die Repräsentation erringen können, die ihrer Bedeutung entspräche. Das reine Mehrheitswahlrecht gewährleistet nicht einmal in jedem Fall ausreichende Mehrheiten für die Regierung: diese stützt sich gegenwärtig auf zufällige Mehrheiten[42].

1.4.2 Verbindung von Elementen der Mehrheits- und der Verhältniswahl in Mexiko und Deutschland

Als Lösung des erörterten Problems bietet sich eine Kombination der Elemente der Mehrheitswahl und der Verhältniswahl an. Auf diese Weise sind im Grunde auch Mexiko und die Bundesrepublik Deutschland vorgegangen, wenn auch von verschiedenen Ausgangspunkten.

In *Deutschland* wurde das System des Verhältniswahlrechts im Jahre 1953 durch die 5 %-Klausel modifiziert. Das Bundesverfassungsgericht hat die Zulässigkeit einer Regelung bejaht, welche die Vertretung einer Partei im Deutschen Bundestag davon abhängig macht, daß sie 5 % der Wählerstimmen erhalten hat. Das gleiche gilt, wenn sie drei Sitze unmittelbar in einem Wahlbezirk nach dem Mehrheitsprinzip erlangt. Jeder Wähler hat zwei Stimmen: mit der ersten wählt er den Wahlkreiskandidaten persönlich, mit der zweiten stimmt er für eine Partei, die nicht die gleiche zu sein braucht wie die, welcher der mit der ersten Stimme gewählte Kandidat angehört. Die Gesamtzahl der Parlamentssitze, die eine Partei im Ergebnis erhält, hängt von der zweiten Stimme ab. Diese gibt man für eine Liste ab, die von den Parteien für jedes Land aufgestellt worden ist; auf dem Wahlzettel sind bei der zweiten Stimme die ersten vier oder fünf Kandidaten der Landesliste der jeweiligen Partei angegeben. Durch das System der zwei Stimmen werden somit *Elemente der Persönlichkeitswahl und der Verhältniswahl* miteinander verbunden. Die Popularität eines Wahlkreiskandidaten läßt sich daran ablesen, wie viele Stimmen mehr für ihn als mit der zweiten Stimme für seine Partei abgegeben werden.

---

42 Vgl. *Hennis* (s. o. N. 38), S. 171 ff., *Mackintosh*, John P., The Government and Politics of Britain, 3. Aufl., London 1974, bes. S. 43 ff., und *Johnson*, Nevil, Die Englische Krankheit, Stuttgart 1977.

In *Mexiko*, wo es viele Jahre lang keine Oppositionsparteien oder allenfalls eine völlig unbedeutende Opposition im Kongreß gab, wurden im Jahre 1962 den Abgeordneten, die durch Mehrheit in ihrem Wahlkreis gewählt wurden, die sogenannten *diputados de partido* (Abgeordneten der Partei) zur Seite gestellt. Durch eine Änderung von Art. 54 der Mexikanischen Verfassung wurde folgende Regelung eingeführt: jede politische Partei, die $2^1/_2$ Prozent der Stimmen im Land erringt, hat das Recht auf eine Repräsentation durch fünf *diputados de partido;* für jeden weiteren halben Prozentpunkt erhält sie einen Abgeordneten mehr, aber höchstens 20 *diputados de partido* insgesamt.

In den Wahlen zur Abgeordnetenkammer in den Jahren 1967 und 1970 erreichten zwei kleine Parteien, die eher als Satelliten der „offiziellen Partei" anzusehen sind, den vorgeschriebenen Prozentsatz nicht. Trotz des klaren Verfassungstextes wurden ihnen gleichwohl *diputados de partido* zugebilligt. Um nicht weiterhin die Verfassung zu verletzen — wie man 1971 freimütig in der Begründung einer neuen Verfassungsreform zugab — setzte man den vorausgesetzten Prozentsatz auf $1^1/_2$ herab und erhöhte die Höchstzahl der *diputados de partido* auf 25, während in der Verfassungsreform von 1962 von der Notwendigkeit die Rede war, eine unnütze und unangemessene Zunahme kleiner Parteien zu verhindern, die wegen der geringen Zahl ihrer Anhänger keine für die Bevölkerung repräsentative Meinung vertreten[43].

Die politische Reform von 1977 gab das System der sogenannten *diputados de partido* auf und verzichtete auch auf den ohnehin wenig adäquaten Ausdruck, der den Gedanken nahelegen könnte, daß die „Abgeordneten der Mehrheit" über eine bessere demokratische Legitimität verfügten als die „Abgeordneten der Partei". In Wirklichkeit setzt die Wahl jedes Abgeordneten voraus, daß seine Partei ihn zuvor nominiert. Die Verbindung des Systems der *Mehrheitswahl und der Verhältniswahl* wurde in der neuen Fassung von Art. 52 der Mexikanischen Verfassung und in Art. 3 des Ausführungsgesetzes geregelt. Die Abgeordnetenkammer besteht aus 300 Abgeordneten, die nach dem Prinzip der relativen Mehrheitswahl gewählt werden, und aus bis zu 100 Abgeordneten, die zu wählen sind nach dem *„principio de representación proporcional"* mit Hilfe von regionalen Listen. Noch ist nicht abzusehen, wie das neue System mit seinen komplizierten Einzelregelungen, insbesondere zur Einteilung der 300 sogenannten „uninominalen" Wahlbezirke, in denen das der Grundsatz der Mehrheitswahl gilt, und der „plurinominalen" Wahlbezirke, die Grundlage für die Wahl

[43] Vgl. dazu *Carpizo* (s. o. N. 1), S. 277, *Tena Ramírez* (s. o. N. 1) mit ausführlicher Würdigung der Verfassungsreformen S. 269 - 304, zur „offiziellen Partei", der PRI, S. 293 ff.

nach dem Prinzip der Verhältnismäßigkeit sind, funktionieren wird, wenn im Jahre 1979 die Abgeordneten des Parlaments danach gewählt werden. In jedem Fall verdienen diese Wahlen großes Interesse, wenn auch unter den Experten eine gewisse Skepsis anzutreffen ist, ob sich tatsächlich die Lage der Oppositionsparteien bessert.

Die *verfassungsmäßige Anerkennung der politischen Parteien* als integrierender Bestandteil der Demokratie, die im Jahre 1962 eingeleitet und 1977 verwirklicht wurde, kann jedoch als ein sehr wichtiger Schritt angesehen werden, um eine fortschrittliche Veränderung der politischen Strukturen zu erreichen, wie es zutreffend in der Begründung der Regierungsvorlage zur Verfassungsreform heißt. In vielen anderen Ländern vernachlässigen auch heute noch die Verfassungen und Gesetze vollständig die Rolle, welche die Parteien im politischen Leben spielen. In *England* sind sie beispielsweise gesetzlich in keiner Weise anerkannt. Daher muß die britische Fernsehgesellschaft BBC von sich aus die entscheidenden Kriterien der Parteien bestimmen, nach denen sie vor Unterhauswahlen den Parteien die Zeit für politische Sendungen zumißt[44]. Sie richtet sich dabei weitgehend nach den Maßstäben, die in anderen Ländern den gesetzlichen Regelungen über die Parteien zugrundeliegen. In Mexiko enthält das neue Gesetz *(Ley Federal de Organizaciones Políticas y Procesos Electorales)* eingehende Regelungen gerade auch der Fragen der Benutzung der Medien. Die politische Reform von 1977 hat dazu geführt, daß sich mehr Parteien als bisher an den Kongreßwahlen im Jahre 1979 beteiligen. Die Möglichkeit, daß das Übergewicht der PRI gefährdet würde, ist freilich auch nach dem neuen Wahlsystem ausgeschlossen, das an den entscheidenden Grundlagen der Mehrheitswahl festhält.

1.4.3 Nominierung der Kandidaten

Die Mitglieder der gesetzgebenden Körperschaften und andere Inhaber von Wahlämtern werden in einem Verfahren gewählt, das zwei Etappen umfaßt. Im allgemeinen haben Kandidaten kaum Aussicht auf einen Wahlerfolg, wenn sie nicht durch eine effektive Parteiorganisation unterstützt werden. In der politischen Wirklichkeit kommt es in erster Linie darauf an, welchen von mehreren möglichen Kandidaten dem Wähler präsentiert. Die Volkswahl stellt dann erst die zweite Etappe dar. Gewiß widmet der Wähler den persönlichen Verdiensten des Kandidaten ein gewisses Interesse; grundsätzlich geben aber auch bei der Mehrheitswahl das Ansehen und die von der Partei artikulierten politischen Argumente den Ausschlag für die Wahlentscheidung.

---

44 *MacKenzie*, W. J. M., Electores y candidatos, in: Pensamiento Político, Num. 79, México 1975, S. 397 ff. (S. 404).

Die entscheidende Bedeutung des Nominierungsverfahrens durch die Partei wird augenfällig, wenn man bedenkt, daß in vielen Fällen die Wahl des Kandidaten die natürliche Folge der Nominierung für ein bestimmtes Mandat oder ein bestimmtes Amt ist. Denn in allen demokratischen Ländern bestehen Gebiete oder Wahlbezirke, die für die Vertreter der von ihnen bevorzugten Partei mit einer Ausschließlichkeit stimmen, die darauf hinausläuft, daß die Wahl von den Parteiorganen und weniger vom Wähler vorgenommen wird. Auch bei Kommunalwahlen in Deutschland sind die freien Wählervereinigungen, die sich bewußt von den politischen Parteien abheben wollen, spürbar zurückgegangen, auch wenn ihnen eine gewisse politische Bedeutung nicht abzusprechen ist. Das Nominierungsverfahren der politischen Parteien gewinnt jedenfalls in allen Bereichen zunehmend an Bedeutung und ist daher bevorzugter Gegenstand eingehender Untersuchungen. Materielle Kriterien für die Aufstellung der Kandidaten können nicht rechtlich normiert werden, da die Entscheidung darüber den Parteimitgliedern und den innerparteilich legitimierten Gremien überlassen bleiben muß.

Eine Form der Beteiligung des Wählers am Nominierungsverfahren stellen in den Vereinigten Staaten von Amerika die Vorwahlen *(primaries)* dar. Sie sind Bestandteil des amtlichen Wahlverfahrens mit allen sich daraus ergebenden Konsequenzen. Sie finden unter amtlicher und gerichtlicher Kontrolle statt. Die Vorwahlen sind entweder geschlossen — dann können nur Parteimitglieder teilnehmen — oder offen: dann kommt es auf die Parteizugehörigkeit überhaupt nicht an; der Wähler kann in der Spalte der von ihm bevorzugten Partei — und nur innerhalb dieser — die von ihm bevorzugten Bewerber ankreuzen. Die *Enquete-Kommission Verfassungsreform des Deutschen Bundestages* kam nach eingehender Prüfung aller Gesichtspunkte, die bereits beim Erlaß des Bundeswahlgesetzes und bei dessen späteren Novellierungen jedes Mal eine Rolle gespielt hatten, zu dem Ergebnis, daß Vorwahlen kein geeignetes Mittel sind, die Legitimation der in den Bundestag zu wählenden Volksvertreter zu stärken. Vielmehr wurde befürchtet, daß auf diese Weise die Integrationsleistungen der großen Parteien geschwächt und die Wirksamkeit des parlamentarischen Systems herabgesetzt würde. Wegen der unterschiedlichen historischen und gesellschaftlichen Voraussetzungen in den Vereinigten Staaten wurde eine Übernahme des dortigen Systems der Vorwahlen *abgelehnt*[45]. Im Nominierungsverfahren hat sich die bereits erörterte innere

---

[45] Schlußbericht, veröffentlicht in: Zur Sache 3/76, S. 56 f., vgl. dazu *Stern* (s. o. N. 12), S. 335 ff. mit weiteren Nachweisen; zu den amerikanischen Vorwahlen, *Kölsch*, Vorwahlen, 1972, *Magiera*, JöR Bd. 22 (1973), S. 621 ff. Zum Problem der Nominierung allgemein, *MacKenzie* (s. o. N. 44), der darauf hinweist, daß mindestens ein Drittel der Abgeordneten des britischen Unter-

Demokratie der Parteien zu bewähren, zugleich aber auch die Fähigkeit der politischen Spitze zu einer konsequenten und überzeugenden Führung, die den Blick von den Zufälligkeiten und Stimmungen einer Parteiversammlung auf den größeren politischen Zusammenhang zu lenken weiß.

1.4.4 Stärkung des Einflusses der Wähler

Da abgesehen von dem geschilderten Verfahren der *Primaries* der Wähler nicht unmittelbar die Nominierung der Kandidaten beeinflussen kann, fehlt es nicht an Bemühungen, um dem Bürger, der zu den Urnen kommt, einen stärkeren Einfluß einzuräumen. Die Enquete-Kommission Verfassungsreform des Deutschen Bundestages hat empfohlen, dem Wähler die Befugnis zu geben, auch mit der sog. zweiten Stimme für einen bevorzugten Kandidaten zu stimmen. Auf diese Weise werden nicht die Kandidaten in der Reihenfolge gewählt, in der von Partei auf der Landesliste aufgestellt worden sind, sondern die Kandidaten, welche die meisten Stimmen auf sich vereinigen. Vorbild für diesen Vorschlag war das System des Bayerischen Landtagswahlrechts mit seinen sogenannten *begrenzt-offenen Listen*, die den Wünschen der Wähler besser Rechnung trägt[46]. Weitere Einflußmöglichkeiten sind das *Kumulieren* und *Panaschieren*. In der Schweiz, aber auch im Kommunalwahlrecht Baden-Württembergs und Bayerns, hat der Wähler das Recht die Wahlvorschläge zu streichen, zu verändern und zu ergänzen. Das Kumulieren führt dazu, daß ein Kandidat gewählt wird, der kein Mandat erhalten hätte, wenn es nach dem Willen des Parteiorgans gegangen wäre, das die Aufstellung der Liste beschlossen hatte. Es besteht kein Zweifel, daß ein solches System für Kommunalwahlen geeignet ist, bei denen die Bürger die Kandidaten häufig persönlich kennen. Aber auch für Landtagswahlen kommt es in Frage, wenn es auch zu einigen Schwierigkeiten bei der Auszählung der Stimmen kommen kann.

Das Wahlverfahren wird aber noch erheblich stärker kompliziert, wenn der Wähler eine Befugnis erhält, die unmittelbar in das Privileg der Parteien eingreift, Kandidaten aufzustellen. Beim *Panaschieren* gibt der Bürger zwar seine Stimme für eine bestimmte Parteiliste ab; auf dieser verändert er aber nicht die Reihenfolge der Kandidaten derselben Partei, sondern setzt den Kandidaten einer anderen Partei ein. Das Stimmverhalten ist in diesem Falle schwer zuinterpretieren. Denn es kann nicht nur als persönliche Bevorzugung eines bestimten Kandidaten verstanden werden, sondern auch als Entscheidung für dessen Partei, obwohl er eigentlich eine andere Partei-

hauses aus „sicheren Wahlbezirken“ stammt (S. 398) und die Auswahl der Kandidaten einen der weniger klaren und bewundernswerten Aspekte in vielen demokratischen Systemen nennt (S. 405).

[46] a.a.O., S. 61, *Stern* (s. o. N. 12), S. 336 und 234.

liste wählte. Von daher ist es zu verstehen, daß alle politischen Parteien in der Schweiz sich darüber einig sind, dem Wähler zu empfehlen, die vorgelegten Listen ohne Veränderungen anzunehmen. Die Zahl der geänderten Stimmzettel wächst jedoch ständig und hat bei den letzten *schweizerischen Bundeswahlen* im Jahre 1975 einen Anteil von 57,2 Prozent erreicht[47]. Bei den Wahlen im Jahre 1971 wären 14 Kandidaten nicht gewählt worden, wenn die Stimmen für die Partei allein ausschlaggebend gewesen wären. Nur durch die große Anzahl der veränderten Stimmzettel konnten sie Abgeordnete werden. Man hat mit Recht davon gesprochen, daß das Panaschieren Probleme der Legitimation und Loyalität aufwirft[48]. Bei der Prüfung der Frage, ob man die schweizerischen Wahlmodalitäten übernehmen soll, ist allenfalls daran zu denken, dem Kumulieren einen breiteren Anwendungsbereich zu geben, während das Panaschieren auf berechtigte Bedenken stößt, die sich auf Einsicht in die Rolle der politischen Parteien stützt.

Die politischen Parteien haben selbstverständlich nicht das Monopol, Kandidaten aufzustellen. Die Rechtsprechung des Bundesverfassungsgerichts hat mit Recht dafür Sorge getragen, daß sich die politischen Parteien nicht auf Kosten freier Wählervereinigungen unberechtigte Startvorteile verschaffen, und den *Grundsatz der Chancengleichheit der Wahlbewerber* durchgesetzt. Einzelbewerbern und Rathausparteien ist die Wahlkampfkostenerstattung ebenso zu gewähren wie politischen Parteien[49]. Der Grundsatz der strikten Neutralität im Wettkampf der Wahlbewerber darf auf der anderen Seite aber nicht zu einer ungerechtfertigten Benachteiligung der bereits im Bundestag vertretenen Parteien führen. Wie *Georges Burdeau* hervorgehoben hat, stellen die politischen Parteien keineswegs künstliche Konstruktionen dar, die nur aus Überlegungen der politischen Strategie hervorgehen, die bei manchen auf grundsätzliche Kritik stößt, sondern um natürliche und notwendige Phänomene; denn sie geben den Institutionen des Verfassungsrechts das politische Leben[50].

Das Funktionieren der Verfassung, die Grundlage der politischen Ordnung ist, verdient weitere Betrachtungen zunächst unter dem Gesichtspunkt der wirksamen politischen Kontrolle und dann bei der Behandlung des Problems der Verteidigung der Verfassung durch die Rechtsprechung.

---

[47] *Niemetz*, Heinz, Die Wahl des schweizerischen Nationalrates vom 26. Oktober 1975, ZParl, 1977, S. 292 ff. (S. 299).

[48] *Niemetz*, ZParl 1977, 300.

[49] Vgl. *Stern* (s. o. N. 12), S. 242 mit ausführlichen Hinweisen auf die Rechtsprechung des BVerfG; hervorzuheben ist dessen neueste Entscheidung in DÖV 1977, 284 ff. = BVerfG 44, 125 ff., dazu s. u. 3.5.1.

[50] *Burdeau*, Georges, Einführung in die politische Wissenschaft (französischer Originaltitel: Méthode de la Science Politique), Neuwied und Berlin 1964, S. 425 f.

2 Politische Kontrollen der Bundesexekutive

2.1 Stellung des Parlaments

2.1.1 Entwicklungslinien

Die Theorie von der Souveränität des Parlaments stammt aus England und verfügt über eine eindrucksvolle Tradition. Vor mehr als 400 Jahren stellte der Staatssekretär von Königin *Elisabeth I.* von England die umfassende Macht des Parlaments mit folgenden Worten heraus: „Die höchste und absolute Gewalt im Königreich ruht im Parlament ..., welches das ganze Reich repräsentiert und Gewalt hat für das ganze Reich; denn jeder Engländer wird darin als anwesend gedacht, entweder in Person oder durch Stellvertreter oder Bevollmächtigte ... und die Zustimmung des Parlaments wird als Zustimmung von jedermann angesehen[1].“ Während diese Worte damals eher die Voraussage einer zukünftigen Entwicklung als die Beschreibung der historischen Situation darstellten, wurde der Gedanke der Suprematie des Parlaments ohne Zweifel durch die *Glorious Revolution* von 1688 und die *Bill of Rights* des folgenden Jahres in die Wirklichkeit umgesetzt. Das Parlament übernahm die Aufgabe der Gesetzgebung und der politischen Kontrolle. Gegen Ende des 18. Jahrhunderts wurde die Regierung, die zuvor der König nach freiem Ermessen eingesetzt hatte, von der Unterstützung des Parlaments abhängig.

Das *System des europäischen Parlamentarismus* beruht — trotz aller Verschiedenheiten, die in den einzelnen Verfassungen festgelegt sind — weiterhin auf den Grundsätzen, die in England entwickelt wurden. Das Parlament bestimmt die Legitimation und die Grenzen der Regierung. Der grundsätzliche Unterschied des Präsidialsystems beruht im Vergleich dazu vor allem darauf, daß die Regierung unmittelbar durch die Volkswahl legitimiert wird, wie wir bereits gesehen haben. Daher

---

1 *Hatschek*, J., Englische Verfassungsgeschichte bis zum Regierungsantritt der Königin Viktoria, 1913, S. 390, führte diese Erklärung an, zitiert nach *Stern*, Klaus, Das Staatsrecht der Bundesrepublik Deutschland, Bd. I, München 1977, S. 740, mit weiteren Ausführungen zur Suprematie des Parlaments. Zur Theorie von der Souveränität des Parlaments, vgl. *Lippert*, Michael R., Bestellung und Abberufung der Regierungschefs und ihre funktionale Bedeutung für das parlamentarische Regierungssystem, entwickelt am Beispiel des deutschen Bundeskanzlers und des britischen Premierministers, Schriften zum Öffentlichen Recht, Bd. 225, Berlin 1973, S. 118 ff.

könnte man annehmen, daß beim *Präsidialsystem* die Exekutive in jedem Fall gegenüber dem Parlament weitaus unabhängiger ist als im parlamentarischen System. Bei näherer Prüfung der Ausgestaltung der Verfassungsrechtslage im Ursprungsland des Präsidialsystems, den Vereinigten Staaten von Amerika, stellt sich jedoch heraus, daß dies nicht zutrifft. Der amerikanische Präsident ist nicht nur politisch, sondern auch rechtlich nicht frei, seine Minister *(secretaries)* und hohen Regierungsbeamten nach eigenem Gutdünken zu ernennen, wie es der Präsident der Republik nach Artikel 89 der mexikanischen Verfassung vermag. Man wird daher sagen können, daß das Präsidialsystem in Mexiko nicht nur in den Verfassungstexten, sondern vor allem in der politischen Wirklichkeit konsequenter durchgeführt ist. Gleichwohl wäre es auch in Mexiko verfehlt, von einer völligen rechtlichen Unabhängigkeit des Präsidenten vom Parlament auszugehen. Es bedarf unter diesen Umständen einiger Betrachtungen über das Verhältnis von Regierung und Parlament in Mexiko und Deutschland, um auf das Problem einzugehen, das als „Abdankung des Parlaments von seiner Aufgabe der Gesetzgebung und Kontrolle“ beschrieben wird. Dieses Phänomen ist die Konsequenz des Übergewichts der Exekutive, das auch mit Recht eines der wichtigsten Themen des Ersten Lateinamerikanischen Verfassungsrechts-Kongreß war. Es erscheint nützlich, auch kurz auf die Situation in der Schweiz einzugehen, die sich wesentlich von parlamentarischen Systemen in anderen europäischen Ländern unterscheidet.

2.1.2 Parlamentarische Kontrolle im Präsidialsystem

Das Präsidialsystem beruht nicht auf dem Prinzip, daß Exekutive und Legislative völlig unabhängig voneinander sind, zwischen den beiden Gewalten bestehen vielmehr wechselseitige Kontrollen, ebensowenig wie umgekehrt der Parlamentarismus die Regierungsform ist, in der die gesetzgebende Gewalt die meisten Befugnisse hat und das mächtigste Staatsorgan ist[2]. Es kommt nicht darauf an, ob man in diesem Zusammenhang von parlamentarischen Nuancen spricht[3] oder ob man diesen Begriff bei der Beschreibung des mexikanischen Regierungssystems ablehnt, um die unbezweifelbaren Unterschiede zum parlamentarischen Regierungssystem zu unterstreichen; denn man wird

---

[2] *Carpizo*, Jorge, La Constitucion Mexicana de 1917, 2. Aufl. 1973, S. 345 und 348. Zu den Interdependenzen zwischen Regierung und Kongreß in den USA vgl. *Zippelius*, Reinhold, Allgemeine Staatslehre, 6. Aufl., München 1978, S. 257 ff.

[3] So spricht *Tena Ramírez*, Felipe, Derecho Constitucional Méxicano, 14. Aufl., México 1976, S. 256 von „matices parlamentarios“, vgl. auch S. 251 ff., dagegen steht *Carpizo* (s. o.) auf dem Standpunkt, von „facetas parlamentarias“ oder „matices parlamentarios“ könne nicht die Rede sein (S. 354 f.).

sagen müssen, daß sich die Kontrolle der Regierung durch das Parlament nicht auf den Parlamentarismus im engeren Sinne beschränkt, sondern ein Wesensmerkmal der repräsentativen Demokratie ist.

Die *Mexikanische Verfassung* enthält ausführliche Normen, um die *politische Kontrolle durch das Parlament* zu ermöglichen. Auch sie wurden im Rahmen der politischen Reform von 1977 im Interesse einer besseren Effizienz der Kontrollbefugnisse neu gefaßt. Während es bisher nach Art. 65 der früheren Fassung Sache des *Kongresses* war, die Haushaltsrechnung des Vorjahres zu prüfen, gehört diese Befugnis nunmehr zur Zuständigkeit der *Abgeordnetenkammer* allein. Diese Verfassungsänderung ist insofern von besonderer politischer Bedeutung, als für die Wahlen zum *Senat* weiterhin das reine Mehrheitswahlrecht gilt und es infolgedessen so gut wie ausgeschlossen ist, daß ein Kandidat der Opposition in den Senat gewählt wird. Nach Art. 74 Nr. IV der mexikanische Verfassung wird nunmehr das Budget- und Kontrollrecht der Abgeordnetenkammer verstärkt und konkretisiert. Bemerkenswert ist insbesondere, daß der Bundesexekutive (dieser Ausdruck wird im Verfassungstext gebraucht) der letzte Tag des November als Frist zur Vorlage des Haushaltsplanes für das kommende Jahr verfassungsmäßig vorgeschrieben wird. Eine Reihe weiterer Einzelvorschriften, die in die Verfassung aufgenommen wurden (Art. 74 Nr. IV Abs. 4 bis 6), regeln die Frist zur Vorlage des Rechenschaftsberichts über den Haushaltsvollzug des Vorjahres (innerhalb der ersten Tage des Juni) und den Umfang der Prüfung durch die Abgeordnetenkammer, die sich nicht auf formale Fragen beschränkt. Wenn der Rechnungshof Abweichungen zwischen den tatsächlichen Ausgaben und den betreffenden Haushaltsansätzen feststellt, sollen die gesetzlichen Verantwortlichkeiten bestimmt werden (Abs. 5).

Der *Präsident der Republik* legt jedes Jahr zu Beginn der ordentlichen Sitzungsperiode des Kongresses (das ist der 1. September) einen *schriftlichen Bericht* nach Art. 69 über den Stand der öffentlichen Verwaltung des Landes vor. Der Kongreß hat auch die Befugnis, Angelegenheiten zu regeln, die gerade in parlamentarischen Systemen zur Organisationshoheit der Regierung gehören. Ein wichtiges Beispiel ist die Einrichtung und Unterhaltung des Erziehungssystems (Art. 73 Nr. XXV). Theoretisch sind auch Gesetze aus der Mitte des Kongresses möglich, welche die Befugnisse der Exekutive einschränken, politische Spitzenämter zu besetzen[4].

Der Kongreß hat zwar nicht das Recht, den Präsidenten der Republik zu zwingen, vor ihm zu erscheinen. Er kann aber die Anwesenheit der Minister und der Leiter von Verwaltungsbehörden verlangen; ebenso

[4] Vgl. *Carpizo* (s. o. N. 2), S. 348.

sind die Vorstände von dezentralisierten Bundeseinrichtungen oder Unternehmen, bei denen eine Mehrheitsbeteiligung des Bundes besteht, zur Rechenschaft verpflichtet (Art. 93 der mexikanischen Verfassung). Einen Höhepunkt politischer Kontrolle durch den Kongreß stellt ein besonderes Verfahren gegen die Inhaber politischer Spitzenämter dar *(juicio de responsabilidad)*, die durch die Abgeordnetenkammer angeklagt und durch den Senat wegen Vergehen gegen die allgemeine Ordnung verurteilt werden können. Der Präsident der Republik kann wegen Landesverrat oder schwerer Vergehen gegen die öffentliche Ordnung angeklagt werden (Art. 108 Abs. 3). Die Verfassung hat zur Verfolgung politischer Delikte die Volksklage vorgesehen, die sich an die Abgeordnetenkammer wenden soll (Art. 111 Abs. 4).

2.1.3 Das System des Parlamentarismus

In parlamentarischen Systemen nach europäischem Vorbild werden im allgemeinen die Grundsätze der parlamentarischen Kontrolle nicht oder jedenfalls nicht mit der gleichen Ausführlichkeit im Verfassungstext verankert. Auch das *Bonner Grundgesetz* enthält kaum ausdrückliche Vorschriften dieser Art. Nur eine Verfassungsnorm, Art. 45 b GG, der durch eine Verfassungsänderung von 1956 eingefügt wurde, spricht ausdrücklich von der *Ausübung der parlamentarischen Kontrolle;* sie betrifft das Amt des Wehrbeauftragten, der zum Schutz der Grundrechte als Hilfsorgan des Bundestages tätig ist. Viele Befugnisse und Verpflichtungen der Abgeordneten, die in Mexiko in der Verfassung selbst festgelegt sind, sind in Deutschland lediglich Gegenstand der Geschäftsordnung des Deutschen Bundestages oder der Bundesregierung.

Das Grundgesetz beschränkt sich auf wenige für den Parlamentarismus typische Verfahren. Das *Zitierrecht*, d. h. die Befugnis, die Anwesenheit der Mitglieder der Regierung zu verlangen, damit diese Rede und Antwort stehen, ist in Art. 43 GG verankert, der zugleich diesen das wichtige Recht einräumt, an den Sitzungen des Parlaments und seiner Ausschüsse teilzunehmen und das Wort zu verlangen. Ein wichtiges Instrument parlamentarischer Kontrolle stellt das *Enquete-Recht* dar. Der Bundestag hat das Recht und auf Antrag eines Viertels seiner Mitglieder die Pflicht, einen Untersuchungsausschuß einzusetzen, der in öffentlicher Verhandlung die erforderlichen Beweise erhebt (Art. 44 GG). Da die Arbeitsweise und die Ermittlungsergebnisse der Untersuchungsausschüsse häufig nicht zufriedenstellend waren, hat die Enquete-Kommission Verfassungsreform einige Verfahrensverbesserungen vorgeschlagen, die der Stärkung der Rechte der Minderheit und der Effektivtät der Untersuchung dienen[5].

In *Mexiko* wurde durch die politische Reform von 1977 eine Regelung eingeführt, die Elemente von Art. 44 GG enthält; in Art. 93 der Mexikanischen Verfassung, in dem bisher nur das Zitierrecht geregelt war, wurde ein dritter Absatz angefügt, der einem Viertel der Mitglieder der Abgeordnetenkammer und der Hälfte der Senatoren das Recht einräumt, einen Ausschuß einzusetzen, der die Arbeit bestimmter Einrichtungen des Bundes oder von Unternehmen, an denen der Staat mehrheitlich beteiligt ist, untersucht.

Eine weitere Befugnis, die im parlamentarischen System eine wichtige Rolle spielt, ist das *Interpellationsrecht*. Die *Geschäftsordnung des Deutschen Bundestages* enthält Regelungen über Kleine Anfragen, die von der Bundesregierung innerhalb von zwei Wochen beantwortet werden sollen, und Große Anfragen, die die von so vielen Abgeordneten unterstützt werden müssen, wie zur Bildung einer Fraktion erforderlich sind. Eine Anfrage ist im Parlament zu beraten, wenn es 26 Abgeordnete verlangen; bei Großen Anfragen ist dies die Regel.

Das Grundgesetz enthält zur Regelung des *Finanzwesens* einige Bestimmungen, die mit denen der Mexikanischen Verfassung zu vergleichen sind, darüber hinaus aber auch eine Reihe weiterer Vorschriften, die noch im Zusammenhang mit dem kooperativen Föderalismus zu erörtern sind. Wegen ihrer weitreichenden Bedeutung bedurften die Verfassungsbestimmungen über das Finanzwesen seit 1949 nicht weniger als fünf grundlegender Änderungen. Nach Art. 114 GG hat der Bundesminister der Finanzen dem Bundestag und dem Bundesrat über alle Einnahmen und Ausgaben sowie über das Vermögen und die Schulden im Laufe des nächsten Rechnungsjahres zur Entlastung der Bundesregierung Rechnung zu legen. Die Prüfung der Wirtschaftlichkeit und Ordnungsmäßigkeit der Haushalts- und Wirtschaftsführung ist dem Bundesrechnungshof übertragen, dessen Mitglieder richterliche Unabhängigkeit besitzen. Dem Bundestag und dem Bundesrat sind aber nicht — wie in Art. 74 Nr. IV der Mexikanischen Verfassung — näher beschriebene Kontrollbefugnisse ausdrücklich eingeräumt. Dagegen fällt auf, daß der Bundesregierung ein wichtiges Recht zugestanden wird, das dem mexikanischen Präsidenten nach dem Text der Verfassung nicht zusteht: Gesetze, welche die von der Bundesregierung

---

[5] Schlußbericht der Enquete-Kommission Verfassungsreform vom 9. Dezember 1976, Bundestagsdrucksache 7/5924, S. 49 ff., veröffentlicht auch in der Schriftenreihe des Deutschen Bundestages „Zur Sache" 3/76, S. 122 ff. Nach § 74 a der Geschäftsordnung des Bundestages kann dieser „zur Vorbereitung von Entscheidungen über umfangreiche und bedeutsame Sachkomplexe" Enquete-Kommissionen einsetzen; auf Antrag eines Viertels seiner Mitglieder ist er dazu verpflichtet. Anders als bei einem Untersuchungsausschuß können auch Sachverständige, die nicht dem Parlament angehören, beteiligt werden, vgl. *Stern* (s. o. N. 1), S. 779 ff. mit zahlreichen Hinweisen auf Veröffentlichungen zu diesen Fragen.

vorgeschlagenen Ausgaben des Haushaltsplanes erhöhen oder neue Ausgaben mit sich bringen, bedürfen der Zustimmung der Bundesregierung. Diese Befugnis ist in Art. 113 GG enthalten, der zugleich eine nähere Verfahrensregelung für den Fall einer Meinungsverschiedenheit zwischen Regierung und Parlament enthält.

Das Grundgesetz verzichtet auf Befugnisse des Parlaments, die geeignet wären, die *Organisationsgewalt der Regierung* einzuschränken. Es bestehen lediglich Vorschriften über die Wahl der Bundesrichter, besonders der Richter des Bundesverfassungsgerichts (Art. 94 GG). Rechtlich ist der Bundeskanzler bei der Bildung seines Kabinetts frei; nicht einmal die Zahl der Minister ist gesetzlich vorgeschrieben. Das Grundgesetz erwähnt nur den Bundesminister der Finanzen (Art. 112, 114 Abs. 1 GG), den Bundesminister für Verteidigung (Art. 65 a), den Bundesjustizminister (Art. 96 Abs. 2 Satz 4 GG) und den Stellvertreter des Bundeskanzlers (Art. 69 Abs. 1 GG). Die Bundesminister können nicht durch ein Mißtrauensvotum des Parlaments gestürzt werden, wie es nach der Weimarer Reichsverfassung möglich war und nicht selten geschah.

Die Ernennung und Entlassung von Bundesministern lassen sich freilich nicht allein am Maßstab der wenigen Verfassungsbestimmungen über die Bildung der Bundesregierung bemessen. Kein Bundeskanzler war bisher frei, welchen Minister er dem Bundespräsidenten zur Ernennung vorschlägt. Es geht aus einer Fraktion des Deutschen Bundestages hervor, die ihn zunächst benennt und dann wählt, und mit der er zusammenarbeiten muß; es kann daher nicht ausbleiben, daß sie daher ihre Vorstellungen über die Besetzung der wichtigsten Ministerämter durchsetzt. Bedarf es einer Koalition, die erst dem Kanzler die erforderliche Mehrheit verschafft, sind Koalitionsvereinbarungen über Personalentscheidungen unvermeidlich[6].

Die *ultima ratio* der parlamentarischen Kontrolle ist nach dem Grundgesetz das sog. konstruktive Mißtrauensvotum, durch das der amtierende Kanzler durch die Wahl eines neuen gestürzt wird (Art. 67 GG). Durch den Verzicht auf das einfache Mißtrauensvotum, das nur zum Sturz des Kanzlers führt, wollten die Väter des Grundgesetzes die in der Weimarer Republik häufige Lage vermeiden, daß eine Regierung zum Rücktritt gezwungen wurde durch eine Mehrheit, die sich nicht auf einen neuen Kanzler einigen konnte. Dieses Machtvakuum, das durch den Reichspräsidenten nicht ausgefüllt werden konnte, war eine der Ursachen für den damaligen Untergang der deutschen Demokratie.

---

[6] *Stern* (s. o. N. 1), S. 770, zum folgenden S. 770 ff., zur Stellung des Bundespräsidenten bei der Bildung der Bundesregierung vgl. *Lippert* (s. o. N. 1), S. 261 ff.

Das Grundgesetz verzichtete nicht nur auf das einfache parlamentarische Mißtrauensvotum, sondern auch auf ein wichtiges Gegenstück zur parlamentarischen Kontrolle, nämlich das *Recht der Regierung, das Parlament aufzulösen* und Neuwahlen zu veranstalten. Nach der Konzeption von *Karl Loewenstein* gehört diese Möglichkeit zu den charakteristischen Merkmalen des Parlamentarismus[7]. In Großbritannien ist die Befugnis des Premierministers, das Unterhaus aufzulösen, eine Möglichkeit, das Verantwortungsverhältnis zwischen Regierung und Volk lebendig werden zu lassen und dessen Souveränität Rechnung zu tragen. Nach Art. 68 GG kann der Bundespräsident auf Vorschlag des Bundeskanzlers lediglich dann auflösen, wenn zuvor der Antrag des Bundeskanzlers, ihm das Vertrauen auszusprechen, nicht die Zustimmung der Mehrheit der Mitglieder des Bundestages gefunden hat. Diese starre Norm zwang Bundeskanzler *Brandt* im Jahre 1972, die Vertrauensfrage zu stellen und mit den Regierungsparteien zu vereinbaren, ihm *nicht* das Vertrauen auszusprechen, um auf diese umständliche Weise vorzeitige Neuwahlen zu ermöglichen, nachdem seine parlamentarische Mehrheit nicht mehr sicher war, da nicht allein Liberale mit der Opposition stimmten, sondern auch Mitglieder der SPD zur Fraktion der CDU/CSU übergetreten waren. Die Enquete-Kommission Verfassungsreform hat vorgeschlagen, dem Bundestag die Befugnis zu geben, sich selbst mit Zweidrittelmehrheit aufzulösen; durch diese hohe Schwelle will man die parlamentarische Instabilität vermeiden, die sich aus zu häufigen oder willkürlichen Parlamentsauflösungen ergeben kann.

2.1.4 Die schweizerische Konkordanzdemokratie

Nach Art. 71 der Bundesverfassung der Schweizerischen Eidgenossenschaft wird die oberste Gewalt des Bundes durch die Bundesversammlung ausgeübt; diese besteht aus dem Nationalrat, der in Mexiko der Abgeordnetenkammer entspricht, und dem Ständerat, der mit dem Senat vergleichbar ist. Die oberste vollziehende und leitende Behörde der Eidgenossenschaft ist ein Bundesrat *(Conseil Fédéral)* (Art. 95). Seine sieben Mitglieder werden alle vier Jahre durch die Bundesversammlung ernannt (Art. 96). Der Bundespräsident wird jedes Jahr aus ihrer Mitte neu gewählt (Art. 98), hat aber als Vorsitzender nur die Rechte eines *primus inter pares*. Die Exekutivgewalt beruht nicht auf einer Person wie in Mexiko, sondern auf einem Kollegialorgan. Ur-

---

[7] *Loewenstein*, Karl, Verfassungslehre, 2. Aufl., Tübingen 1974, S. 83 ff., *Carpizo* (s. o. N. 2), der sich auf die Übersetzung ins Spanische (Teoría de la Constitución, Barcelona 1965, S. 105 - 107) bezieht. Zur Frage der Parlamentsauflösung vgl. *Lippert* (s. o. N. 1), bes. S. 92 ff., 83, 487 ff., und die Vorschläge der Enquete-Kommission Verfassungsreform, in: Zur Sache 3/76, S. 91 ff.

sprünglich war der Bundesrat gar nicht als Träger selbständiger Regierungs- und Verwaltungspolitik gedacht, sondern als eine Art Exekutivkomitee der Bundesversammlung, nach deren Richtlinien er zu handeln und entscheiden hatte.

Entgegen der früheren Vorstellung von der Bundesexekutive, die noch in dem aus dem Jahre 1874 stammenden Verfassungstext ihren Niederschlag gefunden hat, hat der schweizerische Bundesrat sogar eine *stärkere Stellung* erlangt *als Regierungen in anderen parlamentarischen Systemen*. Er setzt sich aus den Persönlichkeiten der vier größten Parteien zusammen, welche seit Jahren nach einer vereinbarten Formel die sieben Bundesratsämter untereinander aufteilen. Für die Dauer der Amtsperiode von vier Jahren besteht keine Absetzungsmöglichkeit. Die Wiederwahl ist nicht verboten, sondern die Regel, selbst wenn ein Regierungsmitglied an Ansehen verloren hat — er wird dann lediglich mit einer geringeren Mehrheit wieder gewählt — oder wenn das von ihm initiierte Gesetzesvorhaben durch ein Referendum gescheitert ist. Die Volksrechte werden zwar sehr ernst genommen; das Ansehen eines Bundesrates wird jedoch nicht nachhaltig beeinträchtigt, wenn sein Projekt durch ein Plebiszit verhindert wird.

Der offenkundige Unterschied gegenüber den regulären parlamentarischen Systemen ist das *Fehlen einer organisierten Opposition* im Nationalrat. Es besteht nicht eine Mehrheit, die für die Regierung zu stimmen pflegt, aber auch nicht eine Minderheit, welche Politik der Regierung grundsätzlich ablehnt. Dies bedeutet nicht unbedingt eine Verminderung der parlamentarischen Kontrolle; denn die Abgeordneten pflegen durchaus auch das Regierungsmitglied zu kritisieren, das aus der eigenen Partei kommt, sobald sie mit seiner Politik nicht einverstanden sind.

Das Interesse an den Wahlen zum Bundesparlament sinkt seit 1919 ständig; die Beteiligung an den schweizerischen Wahlen von 1975 betrug nur 52,4 Prozent. Denn die Wähler wissen von vornherein, daß sich an der Zusammensetzung der Regierung nichts ändert. Es handelt sich um ein Phänomen, das man in Lateinamerika als *continuismo* zu bezeichnen pflegt. Vom Standpunkt der demokratischen Legitimation der Regierung kann man in allen Fällen, bei denen die Wahlen im Ergebnis keinen Einfluß auf die Zusammensetzung der Regierung hat, Zweifel an der Effektivität derartiger Wahlen haben. Das Ausmaß der Wahlenthaltung in der Schweiz läßt sich aber auch durch die Vielzahl der Wahlen und Abstimmungen erklären. Das Volk wählt nicht nur die Vertreter in die beiden Kammern der Eidgenossenschaft, sondern auch unmittelbar die Regierungen der Kantone, bestimmte Beamte, die kommunalen Organe und die meisten Richter. Hinzu kommen die

Abstimmungen, die eine Volksinitiative oder ein Referendum zum Gegenstand haben.

Die Expertenkommission für die Vorbereitung einer *Totalrevision der Bundesverfassung der Schweizerischen Eidgenossenschaft* erörterte eingehend die Probleme des Regierungssystems und sprach in diesem Zusammenhang von *„helvetischen Malaise"*[8]. Die große Mehrheit der Kommission gelangte nach ausführlicher Diskussion zu der Überzeugung, daß weniger ein Bedürfnis nach Systemänderung besteht als vielmehr nach vermehrter Konzentration und Straffung, Transparenz und Effizienz. Das gegenwärtige System einer spezifisch schweizerischen Verbindung von direkter und repräsentativer Demokratie, das auf französisch *„démocratie de concertation"* und auf Deutsch *„Konkordanzdemokratie"* genannt wird, soll auch in der künftigen Verfassung beibehalten werden[9]. Andere Formen der Demokratie, die schweizerische Ausprägungen des Parlamentarismus darstellen sollen, wie die Konkurrenzdemokratie mit Mehrheitswahlen und einem bloß fakultativen Behördenreferendum oder die sog. Koalitionsdemokratie mit einer Sperrklausel zur Konzentration auf drei bis fünf Parteien, wurden ausdrücklich abgelehnt.

Herbert Krüger hat in jüngster Zeit das schweizerische System der Verteilung der Bundesratsämter zwischen allen wichtigen Parteien als Modell herausgestellt, das gewährleistet, daß die besten Staatsmänner aus allen Parteien an der Regierung mitwirken und wirksam zusammenarbeiten, zumal die Demokratie auf wirkliche Staatsmänner angewiesen sei, deren Zahl aber sehr gering ist[10]. Diese Meinungsäußerung ist ein weiteres Beispiel dafür, welches Interesse weltweit die Schweizerische Demokratie findet. Ihr besonderes Merkmal ist, daß der für parlamentarische Systeme typische Antagonismus zwischen Regierung und Opposition nicht besteht. Die Aufgabe der Opposition, die gewöhnlich in der Demokratie — auch im Präsidialsystem — eine entscheidende Rolle spielt, bedarf noch weiterer Untersuchungen.

---

8 Der Bericht der Expertenkommission wurde 1977 in Bern veröffentlicht, s. deutsche Fassung S. 131, französische Fassung S. 127.

9 Bericht (s. o. N. 8), S. 132 ff., Überblick S. 129 ff., die „Konkurrenzdemokratie" wurde befürwortet von *Germann*, Raimund E., Politische Innovation und Verfassungsreform, 1975, die „Koalitionsdemokratie" von *Meier*, Alfred und *Riklin*, Alois, Von der Konkordanz zur Koalition, Zeitschrift für Schweizerisches Recht 1974, S. 507 ff. Zum schweizerischen Regierungssystem allgemein vgl. *Stern* (s. o. N. 1), S. 747 f., und *Eichenberger*, Kurt, Zusammen- und Gegenspiel repräsentativer und plebiszitärer Komponenten im schweizerischen Regierungssystem, ZParl 1977, 318 ff., S. 319.

10 *Krüger*, Herbert, Der Regierungsstaat, Zeitschrift für Beamtenrecht, 1978, S. 117 ff., S. 121.

2.2 Verbesserung der parlamentarischen Kontrolle

2.2.1 „Abdankung des Parlaments"

Die politische Wirklichkeit entfernt sich immer weiter vom Ideal des klassischen Liberalismus, das von der Suprematie des Parlaments als des entscheidenden Organs der Gesetzgebung und der Regierungskontrolle ausging. Die *Vorherrschaft der Exekutive,* die so überwältigend ist, daß man von der „Abdankung des Parlaments" spricht, ist ein Phänomen, daß man in der ganzen Welt beobachten kann. Das Problem entsteht nicht nur in Präsidialsystemen, in denen der vom Volk gewählte Präsident als Staatsoberhaupt und Regierungschef in einer Person eine besonders starke Stellung hat, sondern auch in den Systemen eines europäischen Parlamentarismus.

Die Rolle, die das Parlament spielt, hat sich seit der Zeit, in der es sich zuerst entwickelte, wesentlich geändert. In der konstitutionellen Monarchie trat das Parlament in seiner Gesamtheit der Regierung und der Verwaltung des Königs entgegen. In der Gegenwart jedoch unterstützt — abgesehen von dem gerade erörterten Schweizer System — die parlamentarische Mehrheit im allgemeinen die Regierung und verteidigt sie gegen Angriffe. Nur die Minderheit des Parlaments pflegt die Regierung zu kritisieren und zu kontrollieren und übernimmt in großem Umfang die grundlegenden Aufgaben, die an sich dem Parlament insgesamt zustehen. Es fällt auf, daß die wesentliche Bedeutung der Opposition für die Demokratie im Staatsrecht lange Zeit vernachlässigt wurde. Während die Verfassungstexte ihr immer noch kein Wort widmen, wächst die Zahl der Veröffentlichungen auf dem Gebiet des Verfassungsrechts und der Politischen Wissenschaften, die in den letzten Jahren das Problem der Opposition behandeln[11]. Um der drohenden „Abdankung des Parlaments" zu begegnen, bedarf es der weiteren *Verstärkung der Rechte der Minderheit.* Als ein Schritt in dieser Richtung kann die bereits erwähnte Einführung des Enquete-Rechts in Art. 93 Abs. 3 der Mexikanischen Verfassung angesehen werden, die einem Viertel der Abgeordneten der Ersten Kammer die Möglichkeit gibt, bestimmte Untersuchungen einzuleiten.

Eine weitere wichtige Änderung der Funktionsweise des Parlaments hat dieselben Wurzeln wie das gerade beschriebene Phänomen. Die

---

[11] Vgl. dazu *Brunner,* Georg, Kontrolle in Deutschland, Köln 1972, besonders S. 139 ff., *Stern* (s. o. N. 1), S. 813 ff., mit weiteren Hinweisen auf Rechtsprechung und Literatur. Das BVerfG, z. B. 2, 1 (11); 20, 56 (101), spricht von „parlamentarischer Opposition" und „oppositioneller Minderheit". Hervorzuheben ist ferner *Schneider,* H. P., Die parlamentarische Opposition im Verfassungsrecht der Bundesrepublick Deutschland, Bd. I, 1974. — Aus der mexikanischen Literatur vgl. *Burgoa,* Ignacio, Derecho Constitucional Mexicano, 2. Aufl. 1976, S. 514 ff.

Entscheidungen des Parlaments waren früher das Ergebnis ausgedehnter Diskussionen aller Abgeordneten miteinander; in ihrem Verlauf konnte ein ausgezeichneter Redner auch die Abgeordneten überzeugen, die zunächst anderer Meinung waren. Dieser Stil herrschte noch im Parlament der Vierten Französischen Republik, mußte aber schließlich scheitern, da er laufend zu Regierungskrisen führte. Heute beklagt man häufig, daß lebhafte Diskussionen zu seltenen Augenblicken des parlamentarischen Lebens geworden sind. *Carl Schmitt* hat bereits vor etwa einem halben Jahrhundert die Tendenz beschrieben, daß Entscheidungen von politischer Bedeutung nicht im Plenum des Parlaments zustandekommen, sondern in den Gremien der politischen Parteien. Er sprach daher davon, daß das Parlament nur noch „als Bureau für eine technische Umschaltung in den staatlichen Behördenapparat" diene[12].

Ein wichtiger Grund für die gegenwärtige Überlegenheit der Exekutive beruht auf dem Umstand, daß der einzelne Abgeordnete nicht alle Fachgebiete beherrschen kann, über die er Entscheidungen zu treffen hat. Selbst wenn er sich auf bestimmte Fragen spezialisiert und sich auf einen gut funktionierenden wissenschaftlichen Dienst des Parlaments stützen kann, kann er im allgemeinen kaum den Stand der Kenntnisse und Erfahrungen erreichen, über den die Ministerialverwaltung verfügt, die Sachverständige nicht nur aus der Verwaltung selbst, sondern auch von außerhalb, insbesondere von Universitäten und wissenschaftlichen Instituten, heranziehen kann[13]. Selbstverständlich können auch die Parlamente Experten befragen. Im Deutschen Bundestag hat man die Tendenz beobachtet, daß die parlamentarischen Fachleute für ein bestimmtes Gebiet der Gesetzgebung die Regierung noch bei dem Bestreben zu übertreffen suchen, möglichst perfektionistische Regelungen zu treffen, ohne daß sich dabei die Möglichkeit eröffnen würde, die Gesetze wirklich zu verbessern und den politischen Einfluß des Parlaments auf politische Grundentscheidungen zu verstärken.

2.2.2 Entlastung des Parlaments durch Rechtsverordnungsermächtigungen

Eine wichtige Voraussetzung für eine Verbesserung der parlamentarischen Kontrolle ist die Konzentration der Arbeitskraft des Abgeordneten auf grundlegende politische Fragen. *Felipe Tena Ramírez* hat darauf hingewiesen, daß die zunehmende *Spezialisierung der Gesetzgebung* und ihre *Belastung mit technischen Details* des Gesetzesvollzugs als Phänomen anzuerkennen ist, dessen teilweise Berechtigung

---

[12] *Schmitt*, Carl, Verfassungslehre, 4. Aufl., Berlin 1965, S. 319.

[13] *Tena Ramírez* (s. o. N. 3), S. 243.

nicht bestritten werden kann[14]. Wegen der Kompliziertheit der Materie besteht die Gefahr, daß der parlamentarischen Mehrheit nichts anderes übrigbleibt, als den Entwürfen der Regierung zuzustimmen. Es wird daher vorgeschlagen, zu unterscheiden zwischen der politischen Aufgabe des Parlaments, die nicht auf die Exekutive übertragen werden kann, und den Rechtssetzungsbefugnissen, die sich auf technische Einzelheiten beziehen und bestimmte Spezialkenntnisse voraussetzen[15]. Ohne Zweifel enthalten auch Vorschriften technischer Art nicht selten maßgebliche politische Aspekte. Aus diesem Grunde können nicht alle Rechtsetzungsbefugnisse, die sich auf Einzelheiten des Vollzugs des zu erlassenden Gesetzes beziehen, auf die Exekutive übertragen werden; vielmehr muß der ordentliche Gesetzgeber die maßgebenden politischen Entscheidungen selbst treffen.

In der *Mexikanischen Verfassung* kann man das geschilderte Bestreben zum ersten Mal in der Verfassungsänderung von 1951 feststellen, die einem neuen Absatz, der Art. 131 angefügt wurde, vorsah, daß der Kongreß die Exekutive ermächtigt, die Tarife der Ein- und Ausfuhrsteuer zu erhöhen, zu senken oder von ihrer Erhebung abzusehen. *Tena Ramírez* regt an, verfassungsmäßige Voraussetzungen zur Übertragung weiterer Rechtssetzungsbefugnisse (Rechtsverordnungsermächtigungen) zu schaffen, damit der Kongreß eher Gelegenheit findet, sich den politisch wesentlichen Fragen zu widmen[16].

In der *Bundesrepublik Deutschland* können nach Art. 80 GG durch Gesetz die Bundesregierung, ein Bundesminister oder die Landesregierungen ermächtigt werden, Rechtsverordnungen zu erlassen. Im Gesetz müssen *Inhalt, Zweck und Ausmaß der erteilten Ermächtigung* bestimmt werden. Die Enquete-Kommission Verfassungsreform prüfte die Möglichkeit einer Erweiterung der Rechtsverordnungsermächtigungen, begnügte sich aber im Ergebnis mit einem Vorschlag, der nur eine geringfügige Änderung des Verfassungstextes zum Gegenstand hat: um Auslegungsschwierigkeiten zu beheben und den Erlaß von Rechtsverordnungen nicht über Gebühr zu erschweren, soll es genügen, daß das Gesetz den *Zweck* der erteilten Ermächtigung bestimmt[17].

---

14 *Tena Ramírez* (s. o.), S. 242 im Anschluß an den Hinweis, daß in Mexiko der Präsident der Republik faktisch der einzige Gesetzgeber ist.

15 *Tena Ramírez* (s. o.), S. 245 ff. Im gleichen Sinn hinsichtlich der venezolanischen Verfassung, *La Roche*, Humberto J., Habilitaciones Legislativas y Populismo en Venezuela, in: El predominio del poder ejecutivo en Latinoamerica, 1977, S. 336 f.

16 *Tena Ramírez* (s. o. N. 3), S. 248, vgl. auch *La Roche* (s. o. N. 15), S. 327 ff., mit Beispielen einer „legislación contingente" durch Ermächtigung der Exekutive aus Venezuela und den USA, wo der Supreme Court eine Ermächtigung „to fill in the details" für verfasungsmäßig erklärt hatte (S. 334), vgl. ferner *Estrada*, Rosa, in: Predominio, S. 249 ff., und *Zippelius* (s. o. N. 2), S. 251.

17 Schlußbericht in: Zur Sache 3/76, S. 189 ff., zum selbständigen Verordnungsrecht der Regierung, S. 194 ff., vgl. dazu *Stern* (s. o. N. 1), S. 641 ff., der

In Betracht gezogen wurde zeitweise ein selbständiges Verordnungsrecht der Regierung, das durch ein Kassationsrecht des Bundestages eingeschränkt wird. Daher wurde der Vorschlag erörtert, die Regierungsverordnungen nur in Kraft treten zu lassen, „wenn der Bundestag nicht innerhalb von vier Wochen Einspruch erhebt oder auf den Einspruch verzichtet". Abgesehen davon, daß damit der angestrebte Entlastungseffekt in Frage gestellt würde, weil sich der Bundestag doch mit der Materie befassen muß, um sich darüber schlüssig zu werden, ob er Einspruch erheben soll, wurden grundsätzliche Bedenken dagegen, daß Eingriffe in Rechtspositionen der Bürger dann ohne gesetzliche Grundlage möglich wären, als ausschlaggebend angesehen.

In der *Schweiz*, wo gegenwärtig bereits vielfältige Rechtsetzungsbefugnisse von Exekutivbehörden bestehen, wird in dem Verfassungsentwurf der Expertenkommission vorgesehen, daß der Bundesrat (die Bundesregierung) rechtsetzende Bestimmungen in der Form der Verordnung erlassen kann; das Bundesgesetz, daß die ausdrückliche Ermächtigung hierzu enthält, muß den Zweck der Verordnung und die Grundsätze für ihre inhaltliche Gestaltung festlegen[18]. Der Entwurf entspricht der Auslegung, die Art. 80 GG erhalten hat.

2.2.3 Ununterbrochene Wiederwahl der Abgeordneten

In der Schweiz ebenso wie in Deutschland erörtert man die Frage, ob das Abgeordnetenmandat als ein Beruf anzusehen ist, mit verschiedenem Ergebnis. Die Auffassungen sind auch innerhalb der beiden Länder geteilt[19]. Als selbstverständlich wird vorausgesetzt, daß die Abgeordneten ununterbrochen wieder gewählt werden können, wie es in parlamentarischen Systemen üblich ist. Die *Mexikanische Verfassung verbietet* dagegen in Art. 59, daß die *Senatoren und Abgeordneten nach Ablauf der Wahlperiode wiedergewählt* werden; erst in der übernächsten Wahlperiode ist dies wieder möglich. Die Meinung, daß dieses Verbot ein Ergebnis der Mexikanischen Revolution von 1910 sei und mit dem politischen Grundsatz des Präsidenten *Francisco Madero „Sufragio Efectivo, no Reelección"* (Echte Wahlen, keine Wiederwahl) zusammenhänge, ist weit verbreitet, aber unzutreffend. Das Verbot der Wiederwahl, das heute noch die Schlußformel aller offiziellen Dokumente bildet, bezog sich ausschließlich auf den Präsidenten der

---

auch die umstrittenen gesetzesverändernden Rechtsverordnungen im Hinblick auf das Interesse des Gesetzgebers an einer Entlastung ebenso wie führende Lehrbuchautoren des Verwaltungsrechts bejaht (S. 644 und N. 301).

[18] Art. 100 des Schweizerischen Verfassungsentwurfs, vgl. dazu den Bericht der Expertenkommission, S. 156 ff.

[19] Gegen ein Berufsparlament Bericht der schweizerischen Expertenkommission, S. 150 ff.; zur Lage in der Bundesrepublik *Stern* (s. o. N. 1), S. 837 ff., und insbesondere BVerfGE 40, 296 ff.

Republik. Erst 1933 wurde die Vorschrift in die Verfassung eingefügt, die eine Wiederwahl der Abgeordneten für die folgende Wahlperiode verbot. Man gab offen zu, daß es sich um eine politische Maßnahme handele, um die Exekutive zu stärken und die Möglichkeiten für eine unabhängige Politik des Kongresses einzuschränken[20].

Heute bestehen jedenfalls nicht die Bedingungen fort, die damals möglicherweise einen so radikalen Eingriff rechtfertigten wie ihn das Verbot der ununterbrochenen Wiederwahl darstellt. Denn in der Gegenwart ist das Übergewicht der Exekutive so offenkundig, daß es nicht nur in Mexiko, sondern auch in vielen anderen Ländern, wie wir gesehen haben, zu einem der meist erörterten Probleme geworden ist. Der Mexikanische Kongreß hat parlamentarische Initiativen der Opposition ohne überzeugende Gründe im Jahre 1964 abgelehnt. *Diego Valadés* hat die wichtigsten Argumente für eine ununterbrochene Wiederwahl der Abgeordneten bei dem Kolloquium „Evolution de la organización político-constitucional den América Latina" 1976 vorgetragen[21]. Die Bildung eines gleichbleibenden Stammes erfahrener Abgeordneten und Senatoren, deren Mandat auch die Amtszeit des Präsidenten überdauert, kann zu einer Stärkung des Kongresses und zu einer Unabhängigkeit von persönlichen Bindungen an die Exekutive führen. Die Abgeordneten der Opposition, der *Partido Acción Nacional*, hoben diesen Gedanken in den parlamentarischen Debatten hervor[22].

Die Möglichkeit einer ununterbrochenen Wiederwahl wäre eine konsequente Fortsetzung der Verfassungsänderungen von 1967 und 1971, die man als erste Schritte zur Anerkennung der verfassungsmäßigen Rechte der Opposition ansehen kann, und stünde im Einklang mit der Politischen Reform von 1977, die zu einer verfassungsmäßigen Verankerung der Bedeutung der politischen Parteien führte. Man wird freilich sagen müssen, daß die Integration der Oppositionsparteien in das politische Leben noch weit entfernt ist von einer authentischen Öffnung zum Pluralismus, die Gegenstand wiederholter Erklärungen nicht nur der Regierung, sondern auch der „offiziellen Partei" war, die eine entsprechende Forderung als Nummer 13 in ihr Aktionspro-

---

20 Vgl. vor allem *Valadés,* Diego, El poder legislativo en México, in: Evolución de la organización político-constitucional en América Latina, UNAM 1978, S. 49 ff., 56 ff., früher schon *Calderón Vega,* Luis, Política y Espiritu, Morelia 1965, S. 62 ff.

21 *Valadés* (s. o.), S. 58. Vgl. schon *Horn,* Hans-Rudolf, México; Revolution und Verfassung, Hamburg 1969, S. 72 ff., S. 77. Zur gegenwärtigen Abhängigkeit der Abgeordneten vgl. *Cosío Villegas,* Daniel, El Sistema Político Mexicano, 1975, S. 29, *Burgoa,* Ignacio, Derecho Constitucional Mexicano, 2. Aufl. 1976, S. 697 ff.

22 *Calderón Vega* (s. o. N. 20), S. 63; zum Mangel an Untersuchungen über die größte Oppositionspartei vgl. neuerdings *Mols,* Manfred, Mexiko, Die Institutionalisierte Revolution, 1976, S. 112.

gramm von 1972 aufnahm. Anstatt daß in den vergangenen Jahren eine Stärkung oder Förderung des Mehrparteiensystems festzustellen gewesen wäre, mehrten sich die Zeichen für einen weiteren Niedergang der Oppositionsparteien: die *Partido Acción Nacional* ist durch innere Streitigkeiten, aber auch durch ständige politische Frustrationen an den Rand des politischen Geschehens geraten[23]. Es ist ihr insbesondere 1976 nicht gelungen, einen Präsidentschaftskandidaten zu benennen, wie es in den Jahren zuvor der Fall war; der PRI-Kandidat hatte somit keinen Gegner, da alle übrigen Parteien ihn ebenfalls nominierten wie es sich seit langem eingebürgert hat.

Die ununterbrochene Wiederwahl der Abgeordneten und Senatoren kann auch als geeignete Maßnahme angesehen werden, um die Beziehungen zu den Wählern ihres Wahlkreises zu verbessern[24]. Die persönliche Solidarität zwischen Repräsentanten und Repräsentierten ist eine unerläßliche Grundlage für eine funktionierende Demokratie, wie wir bereits in anderem Zusammenhang erörtert haben (s. o. 1.2.1 und 1.3.4).

Die notwendige Verbindung zwischen dem Abgeordneten und seinen Wählern bedeutet nicht das *imperative Mandat*, das in aller Welt immer wieder gefordert wird. Unter Bezugnahme auf *Carl Schmitt* hat *Felipe Tena Ramírez* mit Recht hervorgehoben, daß eine derartige Konstruktion aus dem Wahlbezirk ein unabhängiges Territorium machen und die politische Einheit unterdrücken würde[25]. Die Abhängigkeit des Abgeordneten gegenüber Aufträgen und Weisungen von Organisationen und Parteien würde dem Grundprinzip der Demokratie in gleicher Weise zuwiderlaufen wie eine Abhängigkeit von der Regierung. Die Volksvertreter müssen unabhängig bleiben gegenüber ihren Wählern, deren Wünsche und Bedürfnisse sie gleichwohl berücksichtigen müssen, aber auch gegenüber der Exekutive, bei deren Aufgabenerfüllung sie zur Kontrolle, aber auch zur Mitwirkung berufen sind.

Die strenge Beachtung des *Verbots der Wiederwahl des Präsidenten der Republik* und die dadurch bewirkte endgültige Festlegung seiner Amtsperiode auf sechs Jahre ist dagegen bis auf weiteres als die wichtigste — manche werden sagen — und die einzig wirksame *Begrenzung der Macht* des mexikanischen Präsidenten beizuhalten, der durch die

---

[23] Vgl. *Valadés* (s. o. N. 20), S. 55, *Tena Ramírez* (s. o. N. 3), S. 303 und die kritischen Bemerkungen über die politische Wirklichkeit Mexikos von *Mols* (s. o. N. 22), S. 181, bes. Fußn. 25.

[24] *Horn*, Hans-Rudolf, Staatsrechtsdenken und Verfassungsvergleichung, VRÜ, 1977, 461 ff., 471.

[25] Tena *Ramírez* (s. o. N. 3), S. 306, mit einem Zitat von *Schmitt*, Teoría de la Constitución, S. 177, Übersetzung von der Originalfassung s. o. N. 12, S. 262. Vgl. ferner *Sánchez Agesta*, Luis, Principos de teoría politica, 6. Aufl., Madrid 1976, S. 305 ff., bes. auch S. 302 ff.

Personalunion von Staatsoberhaupt, Regierungschef, Parteiführer und Gesetzgeber die Zeit seiner Präsidentschaft durch seinen persönlichen Stil prägt. Gleichwohl wäre es verfehlt, deshalb von vornherein jede Erörterung einer möglichen Verbesserung der parlamentarischen Kontrolle als aussichtslos abzutun.

2.3 Entwicklung des Föderalismus in Mexiko und in Deutschland

2.3.1 Föderalismus in Mexiko

Die politische Kontrolle der Zentralregierung ist nicht das Monopol des Parlaments. In Bundesstaaten spielen die Einrichtungen und Strukturen des Föderalismus eine ähnliche oder sogar eine noch wichtigere Rolle; ihre Entwicklung verdient daher nähere Untersuchungen. Die Vereinigten Mexikanischen Staaten und die Bundesrepublik Deutschland unterstreichen durch ihre offizielle Bezeichnung ihre föderative Struktur. In beiden Ländern ist die irrige Meinung anzutreffen, daß der Föderalismus ein auferlegtes oder importiertes System sei. Es ist zwar richtig, daß der Föderalismus, der im Sinne des modernen Verfassungsrechts in den Vereinigten Staaten von Nordamerika das Ergebnis einer unmittelbar erlebten eigenen Erfahrung war, auf ursprünglich unitarische Staaten wie Kanada, Brasilien und Mexiko übertragen wurde. In Mexiko wurde er aber im 19. Jahrhundert zur Kernthese der Liberalen Partei, die ihn gegenüber den Konservativen unbeugsam als unverzichtbare Form der Freiheit verteidigte[26]. Wegen seiner vorwiegend polemischen Bedeutung konnte sich die tatsächliche Eignung des Föderalismus für die Gestaltung des politischen Lebens des Landes nicht erweisen. Denn das föderative System mußte eine schwere Krise der Anarchie erleben. Das ungeordnete Nebeneinander von Steuern und Zöllen des Bundes und der Gliedstaaten mündete in einen Zusammenbruch der Volkswirtschaft. Außerdem begünstigte der Föderalismus die Tyrannei der Ortsgrößen *(cazicazgo)*, die in der Bevölkerung den Wunsch nach stärkerem Eingreifen der Zentralregierung entstehen ließ. So nahm man die Praxis hin, den Organen der Bundesexekutive Befugnisse zu übertragen, die eigentlich den Einzelstaaten zustanden, unabhängig davon, ob dafür eine Rechtsgrundlage bestand oder nicht.

Im Gegensatz zur tatsächlichen Entwicklung überlebten die Begriffe des öffentlichen Rechts, die den Gedanken des Föderalismus hervor-

---

[26] *Tena Ramírez* (s. o. N. 3), S. 118, vgl. auch *Carpizo* (s. o. N. 2), S. 291 und *Burgoa* (s. o. N. 21), S. 421, der Zentralismus und Föderalismus “politische Flaggen“ der widerstreitenden Gruppierungen nennt. Vgl. auch *Wehner*, Friedrich, Grundlagen einer mexikanischen Verfassungsgeschichte, Beiheft 9 zu VRÜ, Hamurg 1978, bes. S. 125 ff.

hoben. Das bezeichnende Beispiel ist die bereits angeführte offizielle Bezeichnung Mexikos, die durch ihren Mangel an Verwurzelung im Sprachgebrauch den Kontrast zwischen Form und Wirklichkeit im föderativen System Mexikos symbolisiert, wie Tena Ramírez sagte[27]. Niemand spricht vom *„Präsidenten der Vereinigten Mexikanischen Staaten"*, wie es Art. 80 der Mexikanischen Verfassung vorschreibt. Die Verfassung selbst gebraucht andere Bezeichnungen, wie „Präsident der Republik" in den Artt. 84, 86 und 88 oder neuerdings auch „Bundesexekutive" oder auch nur „Exekutive" in Art. 74 Nr. IV. Alle Verfassungen der 23 mexikanischen Gliedstaaten sprechen vom „Freien und souveränen Staat", obwohl man heute überwiegend davon ausgeht, daß Gliedstaaten innerhalb eines Bundesstaates nicht souverän sein können[28]. Es wäre jedoch politisch unmöglich, aber auch nicht ratsam, deshalb den Begriff „souverän" aufzugeben. Denn es erscheint unerläßlich, ihn beizubehalten, um die Autonomie der Staaten zu unterstreichen, die so häufig von der Bundesexekutive nicht beachtet wird. Seine Abschaffung in den Verfassungstexten der Staaten aus theoretischen Gründen könnte als juristische Handhabe verstanden werden, die Stellung der föderativen Körperschaften weiter zu schwächen.

Die Meinung ist verbreitet, daß der Föderalismus in Mexiko nie wirklich bestanden hat. Man hat gesagt, daß auch zu Beginn unseres Jahrzehnts ein Zentralismus herrschte, der bei einigen Gelegenheiten abgemildert und bei anderen verschärft wurde[29]. Tena Ramírez bringt auf der anderen Seite seine Überzeugung zum Ausdruck, daß — wie er wörtlich sagt — der Föderalismus „für uns dagegen die einzige Wirklichkeit darstellt, die unsere Aufmerksamkeit und Studien verdient. Er ist eine Wirklichkeit, die sich mit unserer eigenen Geschichte als unabhängiges Land vermischt, eine Wirklichkeit, die darin besteht, die Theorie des föderativen Systems auf unsere Weise mit Abweichungen und Änderungen anzuwenden[30]."

2.3.2 Föderalismus in Deutschland

In Deutschland war die geschichtliche Entwicklung der Strukturen und Formen des Föderalismus, wie man gesagt hat, weitgehend durch

[27] *Tena Ramírez* (s. o. N. 3) S. 119. *Burgoa* (s. o. N. 21), S. 435 ff., geht besonders ausführlich auf den Föderalismus ein, der in der Terminologie besteht.

[28] *Tena Ramírez* (s. o. N. 3), S. 16 ff.; *Carpizo* (s. o. N. 2), S. 279 ff.; *da Silva*, José Afonso, Curso de Direito Constitucional Positivo, Bd. I, São Paulo 1976, S. 56 ff.; *Stern* (s. o. N. 1), S. 484 ff., der die Erörterung der Souveränität der Gliedstaaten für überholt hält (S. 485), übrigens auch Mexiko erwähnt (486). Die Texte der einzelnen Staatsverfassungen sind wiedergegeben von *Arnáiz Amigo*, Aurora, Instituciones Mexicanas, México 1975.

[29] *Carpizo* (s. o. N. 2), S. 302.

[30] *Tena Ramírez* (s. o. N. 3), S. 120.

politische Zufälligkeiten, Formelkompromisse und die Kaschierung von Hegemonialbestrebungen gekennzeichnet[31]. Das *Heilige Römische Reich deutscher Nation* läßt sich kaum mit den Kategorien der modernen Politikwissenschaften erfassen. Sein Untergang im Jahre 1806 ließ die Territorien und Städte ihre volle Unabhängigkeit erlangen, die sie seit langem angestrebt hatten. Am Ende der Napoleonischen Kriege wurde der Deutsche Bund geschaffen, der aus souveränen Einzelstaaten bestand und dessen gemeinsames Organ der Bundestag zu Frankfurt, eine ständige Bundesversammlung der Vertreter aller deutschen Staaten, war. Das Deutsche Reich von 1871, von dem Österreich ausgeschlossen war, stellte einen Bundesstaat dar. Der preußische Ministerpräsident war zugleich Reichskanzler. Der *Bundesrat* war das föderalistisch-monarchistische Regierungsorgan des Deutschen Reiches und Träger der Souveränität[32]. In ihm waren die Fürsten der Mitgliedstaaten und die Verwaltungsspitzen der freien Städte vertreten. Durch sein Veto konnte er jedes Gesetz verhindern, das der in freien, allgemeinen, geheimen und gleichen Wahlen gewählte Deutsche Reichstag beschlossen hatte.

In der Weimarer Republik gab es keine ebenso mächtige Vertretung der Länder, die nicht mehr Staaten hießen und ihre Fürsten verloren hatten. Nicht selten wird übersehen, daß die Weimarer Reichsverfassung viel weniger föderativen Charakter hatte als die Verfassung des Deutschen Kaiserreiches. Unter der Herrschaft des Nationalsozialismus wurden die Länder gleichgeschaltet und in bloße Verwaltungsbezirke verwandelt.

Nach dem Zweiten Weltkrieg wurde Deutschland in vier Besatzungszonen aufgeteilt, in denen jede der Besatzungsmächte zunächst ihre eigene Politik betrieb. Die Amerikaner waren die ersten, die föderative Körperschaften, Länder, ins Leben riefen, Briten und Franzosen folgten. Die Ministerpräsidenten der amerikanischen, der englischen und der französischen Besatzungszone — die Länderchefs aus der sowjetisch besetzten Zone durften sich wegen des Verbots der für sie zuständigen Besatzungsmacht nicht beteiligen — kamen überein, zur Vorbereitung einer vorläufigen Verfassung für die drei westlichen Besatzungszonen einen *Parlamentarischen Rat* zu bilden, in den Abgeordnete der Landtage und der Bürgerschaften aus den Stadtstaaten berufen wurden. Das Grundgesetz von 1949 war das Ergebnis dieser

---

[31] *Laufer*, Heinz, Das föderative System der Bundesrepublik Deutschland, München 1973, S. 19.

[32] *Laufer* (s. o.), S. 25, *Eschenburg*, Theodor, Bundesrat — Reichsrat — Bundesrat, S. 37 ff., 38 f., und *Erichsen*, Hans-Uwe, Verfassungsrechtsgeschichtliche Prolegomena, S. 19 f., beide in: Scheuing, Dieter H. (Hrsg.), Der Bundesrat als Verfassungsorgan und politische Kraft, Bad Honnef/Darmstadt 1974.

Bemühungen und der Zusammenarbeit mit den drei westlichen Alliierten.

Das Grundgesetz hatte ursprünglich verbindlich eine *Neugliederung des Bundesgebietes* vorgesehen (Art. 29 GG). Der einzige Fall einer geglückten Neugliederung blieb jedoch die Bildung des Landes Baden-Württemberg im Jahre 1951, das aus drei von der amerikanischen und der französischen Besatzungsmacht geschaffenen Ländern hervorging. Verschiedene Versuche, den Verfassungsauftrag zu erfüllen, scheiterten; der letzte Plan der sog. Ernst-Kommission bot ein Modell mit 5 und ein Modell mit 6 Ländern an, die im Gegensatz zu den bestehenden 11 Ländern nach Ausdehnung und Einwohnerzahl in etwa gleich sein sollten[33]. Das kleinste Land der Bundesrepublik ist Bremen mit 721 000 Einwohnern, während Nordrhein-Westfalen über 17 Millionen Einwohner hat, mehr als die gesamte Deutsche Demokratische Republik. Um den offenkundigen Widerspruch zwischen dem Verfassungsauftrag der Neugliederung nach Größe und Leistungsfähigkeit zu beseitigen, wurde im Jahre 1976 Art. 29 GG in dem Sinne geändert, daß eine Neugliederung nur noch zulässig, nicht aber zwingend vorgeschrieben ist. Damit wurde der Entwicklung der Länder Rechnung getragen, die sich im Laufe der Zeit konsolidierten, obwohl die meisten zunächst rein künstliche Gebilde darstellten, deren Umfang durch die Grenzen der Besatzungszonen bestimmt war.

Beim Vergleich des deutschen und des mexikanischen Föderalismus erscheint eine terminologische Bemerkung am Platze. In der mexikanischen Literatur werden bei der Übersetzung des Wortes „Land“ bisweilen unterschiedliche Ausdrücke wie „territorio“, „pais“ oder „provincia“ gebraucht[34]. Es ist jedoch vorzuziehen, in erster Linie von *estados* zu sprechen, aber *„estado“* mit *Staat* zu übersetzen, so wie sich auch Bayern *Freistaat* nennt. Es fällt auf, daß in der jüngeren mexikanischen Literatur der neutrale Ausdruck *entitad federativa* (föderative Körperschaft) überwiegt, der sich besonders gut zur Bezeichnung eines Gliedstaates eignet, der Teil eines Bundesstaates ist.

Das föderative Prinzip genießt den besonderen Schutz des Grundgesetzes, das ausdrücklich jede Verfassungsänderung verbietet, welche die Gliederung des Bundes in Länder und die grundsätzliche Mitwirkung der Länder bei der Gesetzgebung berührt. Diese Frage bedarf näherer Erörterung.

---

[33] *Laufer* (s. o. N. 32), erörtert ausführlich die Problematik der Neugliederung des Bundesgebietes (S. 135 ff.) und die Modelle (s. auch S. 216 ff.).

[34] Von „provincias“ sprach beispielsweise früher *Fix Zamudio*, Héctor, Veinticinco años de evolución de la justicia constitucional 1940 - 1965 UNAM 1968, S. 75, von „territorios“ oder „paises“, *Arnáiz Amigo*, Aurora (s. o. N. 28), S. 126.

2.4 Die spezifischen Unterschiede des Bundesrates gegenüber dem Senatssystem

2.4.1 Föderatives Verfassungsorgan

In Mexiko hat man den Senat *(Cámara de los Senadores)* nicht immer als integrierenden Bestandteil des föderativen Systems angesehen. In der Geschichte des 19. Jahrhunderts bestanden eindeutig bundesstaatliche Verfassungen, die auf den Senat verzichteten[35]. Das Zweikammersystem in der Mehrzahl der demokratischen Länder unterscheidet sich wesentlich von dem System der Bundesrepublik Deutschland. Dem *Bundesrat* wurde einmal in einer Entscheidung des Bundesverfassungsgerichts ausdrücklich die Eigenschaft einer zweiten Kammer abgesprochen. Diese Bemerkung hat jedoch keine ausschlaggebende Bedeutung. Der Bundesrat läßt sich nicht leicht durch eine Kurzformel beschreiben. In den deutschen Medien pflegt man häufig zur Erklärung hinzuzufügen „die Vertretung der Länder", weil nicht vorausgesetzt werden kann, daß jeder Leser oder Hörer weiß, was der Bundesrat ist. Diese Bezeichnung ist verfassungsrechtlich nicht zutreffend. Denn der Bundesrat ist nicht ein Organ der Länder, sondern des Bundes. Gleichwohl wird diese Erklärung, die wegen der steigenden politischen Bedeutung des Bundesrates und der damit verbundenen Zunahme des Bekanntheitsgrades weniger häufig erforderlich wird, nicht so leicht durch eine andere von gleicher Kürze zu ersetzen sein.

Der wesentliche Unterschied des Bundesrates gegenüber dem Senat besteht darin, daß seine Mitglieder nicht von den Einwohnern der föderativen Körperschaft eines Bundesstaates unmittelbar gewählt werden, sondern Minister der Regierung der Länder oder deren Beauftragte sind. Das Bundesratssystem, das in das Grundgesetz Eingang gefunden hat, ist das Ergebnis eines Kompromisses bei der Beratung der vorläufigen Verfassung der Bundesrepublik Deutschland. Auf Ablehnung stieß die Suprematie des Bundesrates, die in der Verfassung von 1871 bestand. Denn sie würde dazu führen, daß das Parlament, das aus unmittelbar vom Volke gewählten Abgeordneten besteht, daran gehindert würde, die ihm auf Grund seiner demokratischen Legitimation zustehenden Befugnisse der Gesetzgebung und der politischen Kontrolle auszuüben. Diese Lösung wurde nur dann als vertretbar angesehen, wenn auch die Mitglieder der Länderkammer nach dem Vorbild des Senatssystems unmittelbar vom Volk gewählt würden. Dann wäre es aber unvermeidbar gewesen, einem solchen Senat auch mehr oder minder die gleiche Rechtsstellung einzuräumen wie der ersten Kammer, dem Bundestag. Da in Deutschland die politischen Parteien über eine straffe Leitung zu verfügen pflegen — in den Ver-

[35] Vgl. *Valadés* (s. o. N. 20), S. 50, *Tena Ramírez* (s. o. N. 3), S. 145 ff.

einigten Staaten von Amerika ist die Lage anders —, würden binnen kurzem Abgeordnete und Senatoren im wesentlichen dem folgen, was in ihren jeweiligen Parteigremien beschlossen wurde. Es wäre also nicht die Gewähr gegeben, daß durch die zweite Kammer tatsächlich eine *zusätzliche Möglichkeit der politischen Kontrolle* und der *Durchsetzung der Interessen der Länder* geschaffen wird. Das Ergebnis eines der wichtigsten Kompromisse im Parlamentarischen Rat war die sogenannte *abgeschwächte Bundesratslösung*[36]. Diese hat zur Folge, daß der Bundesrat zwar bei der gesamten Gesetzgebung des Bundes mitwirkt, daß aber nicht alle Gesetze, sondern nur die im Grundgesetz im einzelnen aufgeführten Gesetzgebungsvorhaben seiner Zustimmung bedürfen.

In Bayern, wo der Gedanke der Souveränität der Gliedstaaten innerhalb des Bundesstaates vertreten wird, beklagt man bisweilen, daß das Bundesratssystem nicht in seiner reinen überlieferten Form eingeführt wurde. Nach dieser Meinung hätte die klassische Bundesratslösung die „Denaturierung der föderativen Ordnung der Bundesrepublik mit großer Wahrscheinlichkeit verhindern oder zumindest erheblich minimalisieren können“[37]. Auf der anderen Seite fehlt es aber auch nicht an Stimmen, welche die übertriebene Macht des Bundesrats kritisieren; sie kommen zwar weniger aus den Reihen der Staatsrechtler als der Politiker. Gerade deshalb sind sie nicht zu übergehen. Vielmehr bedarf es einer Erörterung des Verfassungsrangs, der gesetzgeberischen Befugnisse und der politischen Bedeutung des Bundesrates.

2.4.2 Verfassungsrang

Die *grundsätzliche Mitwirkung der Länder an der Gesetzgebung* gehört zu den Verfassungsregelungen, die nach Art. 79 Abs. 3 GG einer Verfassungsänderung nicht zugänglich sind. Damit sind die wesentlichen Befugnisse des Bundesrates in stärkerem Maße festgeschrieben als die des Bundestages; denn dessen Recht, den Regierungschef zu wählen, könnte theoretisch Gegenstand einer Verfassungsänderung sein, die das Präsidialsystem einführt.

Der Verfassungsrang des Bundesrates wird durch eine weitere Regelung beleuchtet, die weniger verfassungsrechtliches Gewicht hat, jedoch

[36] *Laufer* (s. o. N. 31), S. 49; zur Diskussion um Senats- oder Bundesratslösung vgl. S. 63 ff., zum Problem des föderativen Verfassungsorgans allgemein, *Stern* (s. o. N. 1), S. 572 ff., und die Monographie *Jaag*, Tobias, Die Zweite Kammer im Bundesstaat — Funktion und Stellung des schweizerischen Ständerates, des deutschen Bundesrates und des amerikanischen Senats, Zürich 1976, *Beyme*, Klaus v., Die Funktionen des Bundesrates — Ein Vergleich mit Zweikammersystemen im Ausland, in: Der Bundesrat (s. o. N. 32), S. 365 ff.

[37] *Laufer* (s. o. N. 31), S. 65.

durchaus bedeutungsvoll ist. Die *Befugnisse des Bundespräsidenten* werden im Falle seiner Verhinderung oder bei vorzeitiger Erledigung des Amtes durch den Präsidenten des Bundesrates wahrgenommen (Art. 57 GG). Der Präsident des Bundesrates wird für ein Jahr gewählt (Art. 52). Die Länder kamen im Königsteiner Abkommen von 1950 überein, daß die Regierungschefs der Länder in der Reihenfolge gewählt werden, die sich aus der Einwohnerzahl ergibt[38]. Daher werden jeweils zuerst die Ministerpräsidenten von Nordrhein-Westfalen gewählt; es folgt dann der Regierungschef des Landes, das die nächst größte Einwohnerzahl aufweist, bis zum Präsidenten des Senats der Hansestadt Bremen. Auch der Regierende Bürgermeister von Berlin wird turnusgemäß Bundesratspräsident, obwohl Berlin eine Sonderstellung einnimmt und im übrigen bei Sachentscheidungen im Bundesratsplenum kein Stimmrecht hat.

Zur Beurteilung der verfassungsrechtlichen Stellung des Bundesrates ist auch eine Regelung heranzuziehen, die bisher nie tatsächlich angewandt wurde. Im Falle des *Gesetzgebungsnotstandes* nach Art. 81 GG kann der Bundesrat durch seine Zustimmung die Verabschiedung einer von der Bundesregierung als dringlich bezeichneten Gesetzesvorlage bewirken, wenn diese trotz der formellen Erklärung des Gesetzgebungsnotstandes durch den Bundespräsidenten vom Bundestag abgelehnt worden ist. Es handelt sich nicht eigentlich um eine Maßnahme des Ausnahmezustandes; dieser ist nach Art. 115 a bis 115 l GG, wie seit 1968 festgelegt, auf den Verteidigungsfall beschränkt und setzt einen Angriff mit Waffengewalt auf das Bundesgebiet oder dessen Drohen voraus. Diese Regelungen können hier nicht näher erörtert werden, ebensowenig wie die Notstandsregelungen von Art. 29 der Mexikanischen Verfassung, die seit 1945 keine Anwendung mehr gefunden haben. Der Gesetzgebungsstand nach Art. 81 GG bezieht sich nur auf den Fall, daß eine Bundesregierung das Vertrauen der Mehrheit des Bundestages verloren hat, ohne daß dieser aufgelöst wird, also um eine parlamentarische Regierungskrise, die nicht durch äußere Bedingungen bewirkt zu sein braucht.

Die Mitglieder des Bundesrates haben auch die politisch bedeutsame Befugnis, in gleicher Weise wie die Mitglieder der Bundesregierung an allen Sitzungen des Bundestages und seiner Ausschüsse teilzunehmen; sie müssen jederzeit gehört werden (Art. 43 Abs. 2 GG).

---

[38] Dazu *Laufer* (s. o.), S. 69. Bundeskanzler Adenauer konnte sich mit seinem Plan, zuerst den Bayerischen Ministerpräsidenten Ehard zum Bundesratspräsidenten zu wählen, nicht durchsetzen: dazu ebd., S. 50 f. Der Bundesrat zeigte von vornherein keine Neigung, sich von der Bundesregierung bevormunden zu lassen. Die Bundesratspräsidenten wurden stets einstimmig gewählt, vgl. *Pfitzer,* Albert, Die Organisation des Bundesrates, in: Der Bundesrat (s. o. N. 32), S. 180 ff.

2.4.3 Mitwirkung bei der Gesetzgebung des Bundes

Auch wenn man die Rechte des Bundesrates nicht mit denen eines Senates im Zweikammersystem gleichsetzen kann, spielen sie jedenfalls eine wichtige politische Rolle, die in jüngster Zeit immer deutlicher in den Blickpunkt der Öffentlichkeit kam.

Vor der Zuleitung einer Gesetzesvorlage an den Deutschen Bundestag hat die Bundesregierung ihn dem Bundesrat vorzulegen, damit dieser Gelegenheit erhält, innerhalb von sechs Wochen *Stellung zu nehmen* (Art. 76 Abs. 2 GG) (Erster Durchgang). Seine Entscheidung wird durch Fachausschüsse vorbereitet wie von dem Rechtsausschuß, dem Innenausschuß, dem Ausschuß für Arbeit und Sozialordnung und dem Finanzausschuß. In den Ausschüssen des Bundesrates werden meist nicht dessen Mitglieder selbst tätig, sondern die Beamten der zuständigen Ministerien. Nur der Vorsitz wird in aller Regel von einem Minister wahrgenommen.

Die Landesregierungen, die zumeist schon vor der Verabschiedung der Gesetzesvorlage im Bundeskabinett Stellung genommen haben, erhalten durch die Stellungnahme des Bundesrates gemäß Art. 76 GG Gelegenheit, eigene *Verwaltungserfahrungen in das Gesetzgebungsverfahren einzubringen.* Denn die Länder führen grundsätzlich die Bundesgesetze als eigene Angelegenheit aus (Art. 83 GG). In nicht wenigen Fällen stimmt die Bundesregierung den Empfehlungen des Bundesrates, die ausformulierte Alternativfassungen zu dem vorgelegten Gesetzentwurf enthalten, bei der Zuleitung an den Bundestag zu oder schlägt eine andere Fassung vor, um dem Wunsch des Bundesrates zu entsprechen, wenn auch der Text der vom Kabinett verabschiedeten Vorlage als solcher unverändert bleibt. Auch der Bundestag wird nicht ohne wichtigen Grund die Stellungnahme des Bundesrates übergehen, die auf dem Sachverstand der zuständigen Landesverwaltungen beruht.

In der Arbeit des Bundesrates überwiegen die Fälle, bei denen keine Meinungsverschiedenheiten unter politischen Gesichtspunkten bestehen. Nicht selten ist es aber zu beobachten, daß die Auffassungen der Fachausschüsse des Bundesrates geteilt sind. Es kann geschehen, daß ein Vorhaben in einem Fachausschuß einstimmig oder mit großer Mehrheit begrüßt wird, aber auf den einhelligen Widerspruch eines anderen Ausschusses stößt, in dem sich wiederum die Vertreter des jeweiligen Ressorts über parteipolitische Grenzen hinweg einig sind.

Wegen der Vielzahl der Fragen, die vor jeder Bundesratssitzung in den Landesregierungen zu entscheiden sind, ist es nicht möglich, den Ministerrat mit jeder Einzelheit zu befassen, auch wenn diese nicht selten von rechtlicher und politischer Bedeutung sind. Viele Einzelheiten müssen daher auf bürokratischer Ebene geklärt werden. Eine umfangreiche Tagesordnung, die nicht nur Gesetzesvorlagen, sondern auch viele Rechtsverordnungen, die der Zustimmung des Bundesrates bedürfen, Verwaltungsvorschriften, Unterrichtungen des Bundesrates über Maßnahmen der Europäischen Gemeinschaften, Personalentscheidungen usw. umfaßt, muß von einer Konferenz der Bundesratsreferenten erledigt werden. Nur die Angelegenheiten, die streitig bleiben und die von politisch besonders großer Bedeutung sind, bleiben der Entscheidung des Ministerrats der einzelnen Landesregierungen vorbehalten. Diese äußerst wirksame Form der Mitwirkung der Verwaltung der Länder an der Gesetzgebung und Verwaltung des Bundes ist in der Öffentlichkeit kaum bekannt, weil selbstverständlich stets nur die wenigen politisch streitigen Gesetzesvorhaben Gegenstand der Berichterstattung sind.

Die Enquete-Kommission Verfassungsreform hat keine wesentlichen Änderungen des Verfahrens bei der Stellungnahme des Bundesrates nach Art. 76 GG vorgeschlagen. Nur bei einer Verfassungsänderung wurde empfohlen, die Äußerungsfrist von sechs Wochen auf drei Monate auszudehnen[39]. Auf diese Weise will man auch den Länderparlamenten Gelegenheit geben, die beabsichtigte Verfassungsänderung zu erörtern, da sie — wie die Erfahrung zeigt — häufig zu einer Beschränkung der Gesetzgebungsbefugnisse der Länder führt.

Die offenkundig politische Bedeutung des Bundesrates beruht auf seiner Befugnis, seine *Zustimmung* zu einem vom Deutschen Bundestag verabschiedeten Gesetz zu verweigern. Die Väter des Grundgesetzes hatten wahrscheinlich ursprünglich nicht die Absicht, daß mehr als die Hälfte aller Bundesgesetze der Zustimmung des Bundesrates bedarf. Sie gingen, wie der Wortlaut von Art. 84 GG erkennen läßt, davon aus, daß die Länder bei der Ausführung der Bundesgesetze auch selbst die Einrichtung der Behörden und das Verwaltungsverfahren regeln. Im Interesse eines einheitlichen Gesetzesvollzugs im Bundesgebiet hat es sich aber immer mehr eingebürgert, daß der Bundesgesetzgeber auch die wichtigsten Fragen des Verfahrens selbst regelt. In diesen Fällen ist die Zustimmung des Bundesrates notwendig. Sie stellt einen Ersatz für eigene Kompetenzen der Länder dar und kann

---

[39] Schlußbericht in: Zur Sache 3/76, S. 203 ff., 216 (s. o. N. 5). — Zu den Erörterungen über Bedeutung und Arbeitsweise des Bundesrates vgl. insbesondere aus dem Sammelband über den Bundesrat (s. o. N. 32) *Herzog*, Roman, Der Einfluß des Bundesrates auf die Gesetzgebung und Verwaltung des Bundes, S. 235 ff., *Friesenhahn*, Ernst, Die Rechtsentwicklung hinsichtlich der Zustimmungsbedürftigkeit, S. 251 ff., *Schäfer*, Hans, Der Vermittlungsausschuß, S. 277 ff., *Frowein*, Jochen Abr., Bemerkungen zu den Beziehungen des Bundesrates zu Bundestag, Bundesregierung und Bundespräsident, S. 115 ff. Zur Einflußnahme der Landesparlamente auf die Landesregierungen in Bundesratsangelegenheiten, *Linck*, Joachim, DVBl. 1974, 861 ff., der für eine allgemeine Fristverlängerung eintritt.

schon deshalb nicht als verfassungspolitisch bedenklich angesehen werden. Ein anderer Grund für die Zustimmungsbedürftigkeit von Bundesgesetzen ist von gleichem Gewicht: wenn sie sich auf Steuern beziehen, deren Aufkommen den Ländern oder den Gemeinden ganz oder zum Teil zufließt, ist die Zustimmung des Bundesrates vorgeschrieben (Art. 105 Abs. 3 GG).

Es kommt höchst selten vor, daß der Bundesrat ein Gesetz sofort ablehnt, wenn es ihm zur Zustimmung im sog. *zweiten Durchgang* vorgelegt wird. Vielmehr ruft er binnen drei Wochen nach Eingang des Gesetzesbeschlusses des Bundestages den *Vermittlungsausschuß* an. Dieser Ausdruck wird im Grundgesetz selbst nicht gebraucht; es ist vielmehr von einem „aus Mitgliedern des Bundestages und des Bundesrates für die gemeinsame Beratung von Vorlagen gebildete(m) Ausschuß" die Rede (Art. 77 Abs. 2 Satz 1 GG). Er besteht nach der von Bundestag und Bundesrat beschlossenen Geschäftsordnung aus je einem Mitglied der 11 Landesregierungen und der gleichen Anzahl von Bundestagsabgeordneten. Der Vermittlungsausschuß kann den Gesetzesbeschluß des Bundestages bestätigen; dann braucht dieser dort nicht mehr erneut beraten zu werden. Findet er nicht die Zustimmung des Bundesrates, kann die Bundesregierung oder der Bundestag den Vermittlungsausschuß anrufen. Die zweite Möglichkeit ist, daß der Vermittlungsausschuß dem Bundestag empfiehlt, die Änderungswünsche des Bundesrates zu übernehmen. Die dritte Möglichkeit besteht darin, daß er selbst eigene Vorschläge ausarbeitet, die im Wortlaut weder dem Gesetzesbeschluß des Bundestages noch dem Anrufungsbegehren des Bundesrates entsprechen. Ein wichtiger Fall eines derartigen Vorgehens war das Hochschulrahmengesetz, das Ergebnis eines ausgedehnten eigenen Entwurfs des Vermittlungsausschusses war, der die sich widersprechenden politischen Zielsetzungen auf einen Nenner zu bringen hatte.

Bei einem Gesetz, das nicht seiner Zustimmung bedarf, kann der Bundesrat nach Beendigung des Vermittlungsverfahrens binnen zwei Wochen *Einspruch* gegen das vom Bundestag beschlossene Gesetz einlegen (Art. 77 Abs. 3 GG). Wird der Einspruch mit der Mehrheit der Stimmen des Bundesrates beschlossen, so kann er durch Beschluß der Mehrheit der Mitglieder des Bundestages zurückgewiesen werden (Art. 77 Abs. 4 GG). Hat der Bundesrat den Einspruch mit einer Mehrheit von mindestens zwei Dritteln seiner Stimmen beschlossen, so bedarf die Zurückweisung durch den Bundestag der gleichen Mehrheit, mindestens der Mehrheit der Mitglieder des Bundestages. — Dem Bundesrat steht auch das Recht zu, Gesetzesvorlagen beim Bundestag einzubringen; dies geschieht oft.

2.4.4 Politische Bedeutung

Im Bundesrat hat jedes Land mindestens drei Stimmen, Länder mit mehr als zwei Millionen Einwohnern haben vier, Länder mit mehr als sechs Millionen Einwohnern haben fünf Stimmen. Die Stimmen eines Landes können nur einheitlich durch einen anwesenden Stimmführer abgegeben werden (Art. 51 Abs. 2 und 3 GG).

Die politische Bedeutung des Bundesrates, der wegen seiner eher unauffälligen Arbeitsweise früher meist im Schatten des Deutschen Bundestages stand, ist zunehmend Gegenstand politischer Auseinandersetzungen geworden, seitdem die Mehrheiten in beiden Häusern nicht mehr übereinstimmen. Seit 1969 verfügen die Sozialdemokratische Partei Deutschlands (SPD) und die F.D.P., die Liberalen, gemeinsam über die Mehrheit im Bundestag. Im Bundesrat haben dagegen die Länder, die von Ministerpräsidenten der CDU regiert werden, zusammen mit Bayern, das von CSU regiert wird, eine Mehrheit, die sich noch verstärkt hat, nachdem auch in Niedersachsen seit 1976 die CDU den Ministerpräsidenten stellt. Die Kontroversen, die sich aus der verschiedenen parteipolitischen Ausrichtung der beiden Häuser ergeben, werden bisweilen überschätzt. Denn die überwiegende Zahl der Fragen, die beide Legislativorgane beschäftigen, werden ohne größeres Aufheben einvernehmlich gelöst. Dies gilt nicht nur für Gesetzesvorhaben mehr technischer Natur, sondern auch für viele politisch bedeutsame Angelegenheiten. Die Zahl der Gesetzesvorlagen, die endgültig an der Verweigerung der Zustimmung des Bundesrates scheitern, ist sehr gering; sie war vor 1969 eher größer als kleiner. Ihre Zahl beträgt 19; dazu kommen noch zwei Gesetze, bei denen der Einspruch des Bundesrates nicht überstimmt werden konnte. Dagegen ist zum Vergleich im Geschäftsjahr 1976/77 und 1977/78 des Bundesrates nur ein Gesetz endgültig nicht zustandegekommen[40].

Die Kontroversen zwischen Bundestag und Bundesrat, die mit Recht in der Öffentlichkeit Beachtung finden, beziehen sich freilich auf bedeutsame Fragen, die jeden Staatsbürger angehen, wie das Steuerrecht. Daher ist es zu verstehen, daß in den Landtagswahlkämpfen in zunehmendem Maße die Bundesratspolitik der von der CDU und der CSU regierten Länder angegriffen wird. Aus politischen Gründen

---

[40] Vgl. die statistischen Angaben zur Arbeit des Bundesrates für die Zeit vom 7. 9. 1949 bis 19. 10. 1969 bei *Laufer*, Heinz, Der Bundesrat — Untersuchungen über Zusammensetzung, Arbeitsweise, politische Rolle und Reformprobleme, Bonn 1972, S. 50 f. Das 1977 am Bundesrat gescheiterte Gesetz war nicht von der Bundesregierung vorgelegt: das 1977 aus der Mitte des Bundestages eingebrachte Änderungsgesetz zum Bundessozialhilfegesetz (Bundestagsdrucksache 8/466) entsprach auch nicht den Vorstellungen der Bundesregierung, die nach Ablehnung durch den Bundesrat den Vermittlungsausschuß nicht anrief.

wird der Eindruck zu erwecken versucht, diese würde die Politik des populären Bundeskanzlers Schmidt blockieren. Schon immer besteht ein Zusammenhang zwischen Landtagswahlen und Bundespolitik. Zum Rücktritt von Bundeskanzler Erhard im Jahre 1965 trug entscheidend die Wahlniederlage der CDU im größten Land, in Nordrhein-Westfalen, bei, ebenso wie die Stimmenverluste der SPD vor allem in Hamburg zum Rücktritt von Bundeskanzler Brandt im Jahre 1974.

Die Landtagswahlen in Hessen im Oktober 1978 erregten deshalb besonderes Interesse, weil die unionsregierten Länder im Falle einer Regierungsübernahme im Bundesrat eine Zweidrittelmehrheit erhalten hätten, die es theoretisch ermöglicht, alle Gesetzesvorhaben der Bundesregierung zu verhindern. Denn im Bundestag verfügt die Regierung nicht über die Mehrheit, die erforderlich ist, diesen Einspruch des Bundesrats zu überstimmen. Die Aufmerksamkeit der europäischen Presse konzentrierte sich auf die Koalitionsaussage der Liberalen, die auch der CDU zu einer Regierungsmehrheit verhelfen könnten, falls sie nicht an der 5 %-Klausel scheitern, wie es in Hamburg und Niedersachsen der Fall war. Ein Sturz der Bundesregierung mit Hilfe des Bundesrates ist aber rechtlich nicht möglich; ein derartiger Versuch wäre auch politisch gefährlich. Einigkeit besteht darüber, daß die Mitwirkung des Bundesrates bei der Gesetzgebung und Verwaltung des Bundes nicht dazu führen kann, daß die Bundesregierung von seinem Vertrauen abhängig ist. Vom *„Parlament“* spricht man in Deutschland nur im Zusammenhang mit dem *Bundestag*, obwohl gewiß auch der Bundesrat Kontrollbefugnisse und Mitwirkungsrechte hat, wie sie gewöhnlich einem parlamentarischen Organ zustehen.

Die Diskussion über die politische Bedeutung des Bundesrates mündet in die Frage der *demokratischen Legitimation*, die im Vordergrund unserer Erörterungen steht. Die Enquete-Kommission Verfassungsreform des Deutschen Bundestages, an der alle im Parlament vertretenen Parteien mitwirkten, wies mit Recht die bisweilen geäußerte Auffassung zurück, daß der Bundesrat nicht über die erforderliche demokratische Legitimation verfüge. „Dem demokratischen Prinzip entspricht“ — wie in dem Schlußbericht wörtlich ausgeführt wird — „auch eine mittelbare oder abgestufte Bestellung, wie sie beim Bundesratsmodell des Grundgesetzes erfolgt: Die Landesregierungen gehen aus den allgemein, unmittelbar, frei, gleich und geheim gewählten Länderparlamenten hervor und unterliegen deren Kontrolle auch hinsichtlich ihrer Tätigkeit im Bundesrat. Unter diesem Aspekt kann es keinen grundsätzlichen Bedenken begegnen, daß ein aus Regierungsmitgliedern zusammengesetzes Organ maßgeblich an der Bundesgesetzgebung beteiligt ist und gegebenenfalls als Widerpart des Bundestages auftritt ...[41]." Das Ergebnis ausgedehnter Erörterungen in der Enquete-Kommission war, daß das Bundesratssystem vor allem auch unter dem Gesichtspunkt beibehalten werden soll, daß es ein wirksames Gegengewicht gegenüber dem Bund darstellt, der allmählich immer mehr Gesetzgebungsbefugnisse erhielt, die ursprünglich den Ländern zustanden. Diese Frage beschäftigt gegenwärtig die Länderparlamente in besonderem Maße, da sie nicht mit den Vorschlägen der Kommission zufrieden sind, die weiteren Übertragungen von Länderkompetenzen auf den Bund begegnen sollen.

2.5 Probleme des kooperativen Föderalismus

2.5.1 Gegenwärtige Antagonismen zwischen Bund und Ländern

Der Ministerpräsident des Freistaates Bayern, Alfons Goppel, der 16 Jahre lang dieses Amt bekleidete, hat in seiner letzten Regierungserklärung im Juli 1978 der Bundesregierung den Vorwurf gemacht, sie bedrohe das Gleichgewicht zwischen Bund und Ländern durch die Aushöhlung des Föderalismus. Nach seiner Auffassung ist der Bereich der politischen Betätigung Bayerns durch die Grundgesetzänderungen, den tatsächlichen Verfassungswandel und die Bedingungen eingeschränkt, unter denen den Ländern Bundesmittel zur Verfügung gestellt werden.

An dieser Kritik, die besonders von den süddeutschen Ländern vorgebracht zu werden pflegt, ist mit Sicherheit richtig, daß die meisten der sei 1949 erfolgten Änderungen des Grundgesetzes im Ergebnis zu einer Stärkung der Stellung des Bundes im Verhältnis zu den Ländern führten. Diese Beziehungen sind Gegenstand von 26 der insgesamt 34 Verfassungsänderungen innerhalb von 28 Jahren. Der Grundsatz des Art. 70 GG, daß die Länder das Recht der Gesetzgebung haben, wird in vielen wichtigen Bereichen in sein Gegenteil verkehrt, weil die vom Grundgesetz vorgesehene Ausnahme der Gesetzgebungsbefugnis des Bundes — abgesehen von der der noch zu erörternden Kulturhoheit der Länder und einiger weniger Gebiete — zur Regel wird. Im Bereich der konkurrierenden Gesetzgebung können die Länder gesetzgeberisch tätig werden, solange und soweit der Bund von seinem Gesetzgebungsrecht keinen Gebrauch macht (Art. 72 Abs. 1 GG). Voraussetzung ist, daß ein Bedürfnis nach einer bundesgesetzlichen Regelung besteht; dabei spielt insbesondere die Wahrung der Einheit-

---

[41] In: Zur Sache 3/76, S. 205, zur gesamten Problematik, S. 203 - 230, vgl. dazu eingehend *Stern*, Klaus, Die Föderativstruktur im Grundgesetz und im Vorstellungsbild der Enquete-Kommission Verfassungsreform, in: Cappenberger Gespräche 1977, *ders.* (s. o. N. 1), S. 800 ff., 572 ff., *Laufer* (s. o. N. 31), S. 66 f., *Vogel*, Bernhard, Machtkontrolle und Machtbalance — Zur Rolle des Bundesrates, in: Festschrift für Dolf Sternberger, München 1977, S. 384 ff.

lichkeit der Lebensverhältnisse eine Rolle (Art. 72 Abs. 2 Nr. 1 bis 3 GG).

Der Schlußbericht der *Enquete-Kommission Verfassungsreform* enthält keine wirksamen Maßnahmen, um die Gesetzgebungsrechte der Länder gegen die Ausweitung der genannten Verfassungsbestimmungen zu schützen. Der Vorschlag, die Bedürfnisklausel neu zu fassen und dem Bundesrat oder einem Land die Befugnis zu verleihen, zur Prüfung ihrer Voraussetzungen das Bundesverfassungsgericht anzurufen, verspricht kaum Erfolg, da die Fragen kaum justiziabel sind, wie aus Kreisen von Verfassungsrichtern auch bereits zu vernehmen war. Daher hat ein Minderheitsvotum der Kommission angeregt, dem Bund das Gesetzgebungsrecht zu versagen, wenn der Bundesrat mit einer Mehrheit von mindestens zwei Dritteln seiner Mitglieder widerspricht[42].

Die Enquete-Kommission Verfassungsreform trug auch nicht den Bedenken Rechnung, die besonders von den süddeutschen Ländern gegen den *Aufgabenverbund zwischen Bund und Ländern* und die damit verbundenen Kompetenzverlagerungen auf den Bund vorgebracht werden. Sie gelangte vielmehr zu dem Ergebnis, es bedürfe eines angepaßten Instrumentariums zur Sicherstellung des Bundeseinflusses, der zur Steuerung von Konjunkturkrisen, zur gleichmäßigen Erfüllung von Aufgaben oder zur Förderung des regionalen Wirtschaftswachstums aus gesamtstaatlicher Sicht erforderlich sei[43]. Unter diesen Gesichtspunkten wurden die Verfassungsänderungen von 1969 gutgeheißen, die Befugnisse des Bundes bei der Erfüllung von Gemeinschaftsaufgaben (Art. 91 a GG), bei der Bildungsplanung und der Förderung überregionaler wissenschaftlicher Einrichtungen (Art. 91 b GG), bei Investitionshilfen (Art. 104 Abs. 4 GG) und die Finanzierungszuständigkeit bei Geldleistungsgesetzen (Art. 104 a Abs. 3 GG) eingeführt hatten.

Im Gegensatz zu der anfänglichen allgemeinen Begeisterung über die angeführten *Einrichtungen des kooperativen Föderalismus* standen die kritischen Stimmen, die auf den Umstand hinweisen konnten, daß die politischen Möglichkeiten der Länder erheblich eingeschränkt worden sind. Es stellte sich heraus, daß insbesondere den Landesparlamenten wesentliche Aufgaben entzogen wurden. In wichtigen Aufgabenbereichen bleibt ihnen nichts anderes übrig, als sich nach den Abmachungen zwischen den Experten der Bundes- und der Landesverwaltung zu richten, ohne noch einen entscheidenden Einfluß darauf zu

---

[42] Schlußbericht in: Zur Sache 2/77, S. 62 ff., Sondervotum der Mitglieder der Enquete-Kommission *Lemke, Barbarino, Held, Jaeger, Leidinger* und *Schreckenberger*, S. 72 ff. Für die Bundesratslösung, *Schreckenberger*, Waldemar, Föderalismus als politischer Handlungsstil, VerwArch 1978, 341 ff., 355 ff.

[43] Schlußbericht in: Zur Sache 2/77, S. 125 ff.

haben, welches Vorhaben wann und wo verwirklicht wird[44]. In einem Sondervotum der Kommission wurden Maßnahmen vorgeschlagen, die geeignet wären, den eigenverantwortlichen Handlungsspielraum der Länder zu wahren[45].

Ein Kernstück der Eigenstaatlichkeit der Länder der Bundesrepublik Deutschland bleibt die *Kulturhoheit*. Es besteht offenkundig über parteipolitische Grenzen hinweg Einmütigkeit zwischen den Ländern, in diesem Bereich dem Bund nicht die gewünschten Gesetzgebungskompetenzen zur Regelung bestimmter Grundfragen des Bildungs-, Ausbildungs- und Prüfungswesens zuzugestehen; hierzu wäre eine Änderung des Grundgesetzes erforderlich. Am 20. Oktober 1978 hat der Bundesrat ohne Gegenstimme beschlossen, einem von der Bundesregierung vorgelegten Bericht über die strukturellen Probleme des föderativen Bildungssystems die Feststellung entgegenzusetzen, daß die föderative Ordnung die Freiheit durch eine Aufgliederung der staatlichen Macht auf verschiedenen Ebenen mit jeweils eigenen Aufgabengebieten sichert, den hohen Ausbaustand des Bildungswesens gewährleistet und eine aktive Kulturpolitik im Interesse des Bürgers und seiner persönlichen Entfaltung ermöglicht[46].

2.5.2 Effizienz des kooperativen Föderalismus

Trotz der unvermeidbaren Auseinandersetzungen zwischen Bund und Ländern oder auch unter den Ländern kann man nicht sagen, daß der Föderalismus in der öffentlichen Meinung, vielleicht aus einer Sehnsucht nach problemloser Einförmigkeit heraus, an Ansehen verliert. Jüngste demoskopische Umfragen haben im Gegenteil zum Erstaunen mancher politischer Beobachter ergeben, daß sich das föderative System zunehmender Beliebtheit erfreut. Nachdem anfänglich dieses System eher als ein Ergebnis der Besatzungspolitik angesehen

---

[44] *Laufer* (s. o.N. 31), S. 25; vgl. *Stern* (s. o. N. 1), S. 523 ff., mit zahlreichen Literaturnachweisen insbesondere in N. 239.

[45] Sondervotum von *Schreckenberger*, dem sich weitere Mitglieder der Enquete-Kommission anschlossen, in: Zur Sache 2/77, 151 ff., dazu neuerdings *Schreckenberger*, VerwArch 1978, 341 ff., bes. S. 348, wo auf die „Überverflechtung" und die damit verbundene Schmälerung der Effizienz öffentlicher Aufgabenerledigung hingewiesen und auf *Wagener*, Frido, Gemeinsame Rahmenplanung und Investitionsfinanzierung, DÖV 1977, 587 (590) Bezug genommen wird. Mit dem Problem der Gemeinschaftsaufgaben befaßte sich kritisch auch die Ministerpräsidentenkonferenz vom 6. bis 8. Dezember 1978.

[46] Bundesrats-Drucksache 120/78 (Beschluß), zur Problematik des Mängelberichts und der darin enthaltenen Forderungen vgl. *Klöpfer*, Michael, Mängelbericht verfassungswidrig, ZRP 1978, 121 ff., und *Jutzi*, Siegfried, Verfassungsprobleme einer erweiterten Bundeszuständigkeit im Bildungswesen, Juristische Schulung (JuS) 1978, 447 ff.; zum Problem der stillschweigenden Bundeszuständigkeit vgl. *ders.*, Die Deutschen Schulen im Ausland, Baden-Baden 1977, bes. S. 90 ff., S. 109 ff.

wurde, scheint sich der zunächst von den Rechts- und Politikwissenschaften entwickelte Gedanke in der Öffentlichkeit durchzusetzen, daß das Bundesstaatsprinzip als wesentliche Ergänzung der demokratischen und rechtsstaatlichen Ordnung des Grundgesetzes anzusehen ist.

Für die Anerkennung eines Staates und seiner föderativen Struktur durch die Bevölkerung spielt die Effizienz der Aufgabenerfüllung und die Wahrung der Daseinsvorsorge für den Bürger eine wichtige Rolle. Die Voraussetzung hierfür kann man mit dem Begriff *„kooperativer Föderalismus"* beschreiben, der zwar keineswegs unbestritten und eindeutig ist, jedoch dann als unerläßliches Element staatlicher Ordnung zu beachten ist, wenn man darunter eine allgemeine Formel für verbesserte Zusammenarbeit von Bund, Ländern und Gemeinden versteht[47]. Jede Kooperation rechtlich selbständiger Körperschaften bringt freilich die Gefahr mit sich, daß die sich aus ihr ergebenden Tendenzen der Unitarisierung so stark werden, daß der Bestand an Eigenständigkeit der weniger mächtigen Körperschaft, das sind gegenüber dem Bund die Länder, in Frage gestellt wird. Eine derartige Gefahr ergibt sich aus der Zusammenarbeit auf bestimmten Gebieten nicht in dem Maße wie bisweilen befürchtet wird. Denn Entscheidungen kommen, wie gerade entscheidungstheoretische Untersuchungen deutlich gemacht haben, niemals in einem linearen Prozeß zustande, sondern sind das Ergebnis äußerst komplexer Vorgänge, bei denen es auf Verhandlungen, Überzeugungskraft, ad-hoc-Allianzen, Drohungen und Angebote und ganz besonders auf Überlegungen ankommt, die sich auf die möglichen Ansatzpunkte für eine Übereinstimmung richten, um die Voraussetzung für einen bestimmten Beschluß zu schaffen[48].

Das föderative Prinzip bietet die Chance, den Gefahren unseres politischen Lebens, die durch den Charakter des modernen Staates als

---

[47] *Hesse*, Konrad, Aspekte des kooperativen Föderalismus in der Bundesrepublik, in: Festschrift für Gebhard Müller, Tübingen 1970, S. 141 ff., bes. S. 143. Der Begriff des „cooperative federalism" kennzeichnet namentlich in den Vereinigten Staaten von Amerika einen tiefgreifenden Wandel der Verfassungspraxis, dazu S. 142 ff., zum kooperativen Föderalismus in der Schweiz *Häfelin*, Ulrich, Der kooperative Föderalismus in der Schweiz, in: Zeitschrift für Schweizerisches Recht, 1969, 572 und *Saladin*, Peter, Holzwege des „kooperativen Föderalismus", in: Festschrift für Tschudi, Bern 1973, S. 238, zum Föderalismus als „politischer Prozeß", *Schmid*, Gerhard, Föderalismus und Ständestaat in der Schweiz, ZParl 1977, 334. Zum Rang des föderativen Prinzips und seinem Zusammenhang mit anderen Grundwerten vgl. vor allem *Zippelius*, Reinhold, Allgemeine Staatslehre, 6. Aufl. 1978, S. 192 ff., *Hesse*, Konrad, Grundzüge des Verfassungsrechts der Bundesrepublik Deutschland, 10. Aufl. 1977, S. 92 ff., *Laufer* (s. o. N. 31), S. 53.

[48] *Sánchez Agesta*, Luis, La Ciencia política y el analisis del proceso de decisión, veröffentlicht von der Real Academia de Ciencias Morales y Políticas, Madrid 1978, bes. S. 38 f., Hinweis auf die föderative Struktur S. 55. Besonders eingehend werden die Entscheidungstheorien erörtert von *Meynaud*, Jean, Introduction a la Science Politique, Paris 1959, und von *Almond* und *Powell*, Comparative Politics, Boston 1966.

hochbürokratisierte Großorganisation begünstigt werden, wirksamer zu begegnen, als wenn alle wesentlichen Entscheidungen von einer Zentrale aus getroffen werden müssen, deren Praxisferne kaum zu vermeiden ist. Ein föderatives Staatsgefüge ist eher in der Lage, dem einzelnen Staatsbürger die Möglichkeit einer aktiven Einflußnahme auf staatliche Entscheidungen einzuräumen und bessere Informationsmöglichkeiten nicht nur für den Bürger, sondern auch für die staatliche Verwaltung zu fördern[49]. Die föderative Ordnung ist ihrer Tendenz nach praxisfreundlicher. Sie ist einem Entscheidungsdenken verpflichtet, das stärker auf eine situationsgerechte Lösung des Einzelfalls ausgerichtet ist. Die föderative Organisation trägt entscheidend zur demokratischen Legitimation und Integration der politischen Ordnung bei. Es ist sicher auch ihr Verdienst, daß es in der Bundesrepublik Deutschland in weiten Bereichen der Politik keinen Legitimationsmangel gibt[50].

Der angesehene Staatsrechtler, zugleich aktiver Landespolitiker in führender Stellung, *Roman Herzog,* hat einmal den deutschen *Föderalismus* als den *entscheidenden verfassungspolitischen Exportartikel* bezeichnet, den wir augenblicklich haben[51]. Denn es läßt sich auch in früher rein unitarischen Staaten ein wachsendes Interesse an föderativen Strukturen und Organisationsformen feststellen, denen man eher zutraut, Probleme lösen zu können, denen die Zentrale in der fernen Hauptstadt nicht gewachsen ist. In vielen Ländern der Welt werden zunehmend Bestrebungen verwirklicht, schrittweise föderative Elemente zu übernehmen. In Frankreich und Italien wurden Regionen geschaffen, die als Vorstufe für einen Föderalismus angesehen werden können. Für das demokratische Spanien ist die Behandlung der Fragen einer föderativen Gliederung von explosivem Charakter. Der Entwurf einer spanischen Verfassung vom 26. Oktober 1978 nahte sich — wie man gesagt hat — „dem großen Problem mit einem Gemisch von Tapferkeit und Vorsicht“[52]. Die Unsicherheit macht sich bereits bei der Terminologie bemerkbar: der Staat (Estado) ist stets nur der Zentral-

---

[49] Vgl. *Schreckenberger* (s. o. N. 42), S. 344, der sich freilich gegen den Ausdruck des „kooperativen“ Föderalismus wendet, weil er befürchtet, Kooperationen würden dazu beitragen, die Verantwortung von Bund und Ländern zu verwischen und allenfalls von „komplementären Föderalismus“ sprechen möchte (S. 348).

[50] *Schreckenberger* (s. o.), S. 345, *Zippelius* (s. o. N. 47), S. 268 ff., *Herzog,* Roman, Allgemeine Staatslehre, S. 197 ff., 201 ff., *Quaritsch,* Helmut, 25 Jahre Grundgesetz, Chancen und Aufgaben einer freiheitlichen Verfassung, 1974, bes. S. 14 ff., vgl. auch neuerdings *Lücke,* Jörg, Bundesfreundliches und bürgerfreundliches Verhalten, Der Staat, 1978, 341 ff., zur „bundesstaatlichen Verbundenheit“ (BVerwG) S. 342 ff. und *Göldner,* Detlef, Integration und Pluralismus im demokratischen Rechtsstaat, Tübingen 1977.

[51] Interview in der Staatszeitung Rheinland-Pfalz vom 10. 4. 1978.

[52] *Held,* Robert, FAZ vom 29. 11. 1978 (Leitartikel). Der Entwurf wurde am 6. Dezember 1978 vom Volk gebilligt.

staat; für die föderativen Körperschaften hat man den Ausdruck *„Comunidades Autónomas“* (Autonome Gemeinschaften) gewählt (vgl. Art. 143 ff.).

Auch in einer Reihe weiterer Länder Europas, aber auch in Afrika und Asien, werden föderative Lösungen von Organisationsfragen erörtert. Zu erwähnen sind Portugal, Großbritannien, Belgien und die Tschechoslowakei, die bereits den Slowaken bestimmte Autonomierechte einräumte. Länder, die bereits gewisse föderative Strukturen aufweisen, widmen den föderativen Einrichtungen der Bundesrepublik gesteigerte Aufmerksamkeit wie Kanada, Australien, Neu-Seeland, Jugoslawien und andere[53]. In Kanada hat die Bundesregierung im Juni 1978 vorgeschlagen, das bestehende Oberhaus durch ein *House of the Federation* (für die Franko-Kanadier: *Chambre de la Fédération*) zu ersetzen, um eine bessere Mitwirkung der verschiedenen Regionen dieses großen Landes an der nationalen Gesetzgebung zu ermöglichen[54].

Gegenstand bevorzugter Untersuchungen sind außer dem Bundesrat die verschiedenen Gremien der Kooperation, sei es der Länder untereinander wie die Ministerpräsidentenkonferenz und die Konferenz der Fachminister, unter denen die Kultusministerkonferenz hervorzuheben ist, sei es zwischen Bund und Ländern in Form der sogenannten Bund-Länder-Kommissionen. Aufmerksamkeit finden auch die Systeme des Finanzausgleichs zwischen den Ländern und durch den Bund und der Verteilung des Steueraufkommens zwischen Bund und Ländern, eine Frage, bei der naturgemäß hart gerungen wird, die aber schließlich doch durch unvermeidbare Kompromisse gelöst wird. Wenn es sich um Gesetze über derartige Finanzfragen geht, ist es meist erst im Vermittlungsausschuß möglich, zu einer Entscheidung zu gelangen.

Das Funktionieren des Föderalismus ist besonders auch Thema gründlicher Untersuchungen in den Nachbarländern der Bundesrepublik Deutschland. Der französische Autor *d'Ohson* hat bereits 1962 die Forderung erhoben, daß Frankreich eine *Republique fédérale, démocratique et social* sein soll, und sich ausdrücklich auf die Schweiz und die

---

[53] *Stern* (s. o. N. 1), S. 486 ff., *Greilsamer*, Les mouvements fédéralistes en France de 1945 à 1974, 1975; *Ferrari*, P., Les régions italiennes, 1972; *Italia*, V., Problemi di diritto regionale 1976, zu Spanien *Martin-Retortillo*, S., Descentralización administrativa y organización política, 3 Bde. 1973; vgl. auch *Fromont*, Michel, Vor- und Nachteile dezentralisierter Aufgabenerfüllung in der Staatsverwaltung aus französischer Sicht, ebenso aus schweizerischer Sicht *Hangartner*, Yvo, beide in: Wagener, Frido (Hrsg.), Regierbarkeit? Dezentralisierung? Entstaatlichung, Bonn 1976, S. 59 ff.

[54] Die kanadische Regierung veröffentlichte im Juni 1978 The Constitucional Amendment Bill (= Le projet de la loi sur la réforme constitutionelle), worin unter Nr. 62 bis 70 (S. 21 ff.) verhältnismäßig komplizierte Regelungen der Zusammensetzung und Befugnisse des House of the Federation vorgesehen sind; ihr wichtigstes Recht soll ein suspensives Veto bei Bundesgesetzen sein.

Bundesrepublik Deutschland als Vorbild bezogen. Er sieht die föderativen Einrichtungen als Ursprung für Wohlstand und Gleichgewicht des Landes an[55]. Auch in Österreich hat man sich gerade in jüngster Zeit den Problemen des Föderalismus zugewandt und sich in diesem Zusammenhang auch kritisch mit den Verhältnissen in der Bundesrepublik Deutschland auseinandergesetzt[56]. Unter diesen Veröffentlichungen ist die Arbeit von *Karl Weber*, Innsbruck, hervorzuheben, da sie sich auch mit dem Problem der Legitimation eingehend befaßt. Der Autor geht von der „Censensus-Theorie" aus, die sich auf die politische Philosophie von *Jean Jacques Rousseau* stützt, die im Gegensatz zur „Zwangstheorie" im Sinne von *Hobbes* steht[57]. Er betont mit Recht, daß der Föderalismus kein Instrument darstellt, Politik von Konflikten zu befreien, sondern die Institutionalisierung von Spannungen bedeutet, die diese nicht aufhebt, sondern sie im ständigen Dialog einer offenen Dialektik ordnet[58].

2.5.3 Föderative Elemente in der innermexikanischen Entwicklungspolitik

Auch in Mexiko läßt sich ein zunehmendes praktisches Interesse an Problemen des Föderalismus feststellen. Auf dem Kolloquium „Evolución de la organización político-constitucional en América Latina 1950 - 1975" im Jahre 1976 widmete *Manuel Barquín Alvarez* einen ausführlichen Bericht einigen Faktoren der *Zentralisierung und Dezentralisierung im mexikanischen Föderalismus*[59]. Nach den Verfassungsänderungen in den Jahren 1952 und 1974, die aus den bisherigen Bundesterritorien Baja California, Baja California Sur und Quintana Roo Bundesstaaten machten, besteht nunmehr die Republik Mexiko aus 31 Staaten und einem Bundesdistrikt, dem Sitz der Bundesregierung. Nachdem es nach dem Text der Verfassungen der Gliedstaaten

---

[55] *d'Ohsson*, G. N., Pour une République Fédérale Francaise, Neuchatel (Schweiz) 1962, dagegen stehen *Hahn*, Karl und *Hölscher*, Manfred, Föderalisierung der Bundesrepublik, in: Esterbauer, Fried, u. a. (Hrsg.), Föderalismus als Mittel permanenter Konfliktregelung, Wien 1977, S. 115, auf dem Standpunkt, die Bundesrepublik Deutschland sei „noch weit davon entfernt, ein föderaler Staat, geschweige denn ein Wirtschaft und Gesellschaft umfassendes integral-föderatives System zu sein".

[56] *Fried Esterbauer*, *Guy Héraud* und *Peter Pernthaler* haben den schon in N. 55 erwähnten Sammelband „Föderalismus" in der Schriftenreihe des Institutes für Föderalismusforschung herausgegeben. Zur Föderalisierung Frankreichs nimmt der Beitrag von *Héraud* Stellung (S. 143).

[57] *Weber*, Karl, Föderalismus als Mittel permanenter Konfliktregelung, in: Föderalismus (s. o.), S. 51 ff., S. 52.

[58] *Weber* (s. o.), S. 65.

[59] *Barquín Alvarez*, Manuel, Algunos factores de centralización y descentralización del federalismo mexicano, in: Evolución (s. o. N. 20), S. 115 ff., *Tena Ramírez* (s. o. N. 3), S. 451 ff., *Horn*, Hans-Rudolf, México: Revolution und Verfassung, Hamburg 1969, S. 50 f.

nur noch „freie und souveräne Staaten" in Mexiko gibt, erhebt sich die Frage, auf welche Weise der rechtlichen Dezentralisierung tatsächliche Milderungen des Zentralismus folgen können.

Bei einer Erörterung des mexikanischen Föderalismus ist es nicht möglich, die große Zahl unmittelbarer Eingriffe des Bundes in die Rechte der „föderativen Körperschaften", wie neuerdings die Gliedstaaten in der mexikanischen Literatur genannt werden, außer acht zu lassen — Barquín zählt mehr als 50 seit Inkrafttreten der Mexikanischen Verfassung von 1917 — ihre Folge war die Absetzung der Staatsregierungen. Derartige Eingriffe stützen sich meist auf die Verfassungsnorm über den Wegfall der Staatsgewalt, die in Art. 76 Nr. V der Mexikanischen Verfassung festgelegt ist. Die Handhabung dieser Bestimmung widerspricht ihrem klaren Wortlaut und dem Willen der Verfassungsgeber[59]. Diese gibt nämlich lediglich dem Senat (des Bundes) das Recht, einen vorläufigen Gouverneur zu ernennen, „wenn alle verfassungsmäßigen Gewalten eines Staates nicht mehr vorhanden sind" („desaparecido"). Die willkürliche und fehlerhafte Anwendung dieser Befugnis des Senats, der noch niemals dem Präsidenten der Republik in dieser Frage widersprochen hat, wird dadurch erleichtert, daß das erforderliche Ausführungsgesetz noch immer aussteht, obwohl es in der Verfassung seit 1874 vorgeschrieben ist. *Barquín* spricht daher von einer *„Jahrhundert-Unterlassung"*[60].

Im Zusammenhang mit den Problemen des kooperativen Föderalismus, die wir behandeln, spielen föderative Strukturen eine wesentliche Rolle vor allem auf dem Gebiet der wirtschaftlichen und sozialen Entwicklung. Immer mehr wird der Irrtum aufgegeben, alle Fragen, selbst die kleinsten Einzelheiten, müßten in der Hauptstadt geregelt werden, die von den örtlichen Problemen so weit entfernt ist. Die Verwaltung der abgelegenen und häufig recht kleinen Einzelstaaten ist freilich auch nicht in der Lage, auf sich gestellt, wesentliche Entwicklungsprobleme zu lösen. Daher ist man dazu übergegangen, die Abwanderung hochqualifizierter Kader der Bundesverwaltung in die Staaten zu fördern und gleichzeitig dort Arbeitsmöglichkeiten für die Fachleute aus den jeweiligen Staaten zu schaffen[61].

Auf wirtschaftlichem Gebiet verfolgt man die Dezentralisierung mit Hilfe verschiedener Maßnahmen wie die Schaffung von Einrichtungen zur Koordinierung der öffentlichen Investitionen und der wirtschaftlichen Planung, die Einführung eines Systems von Subventionen, Steuerbefreiungen und technischer Unterstützung für Unternehmen,

[60] *Barquín* (s. o. N. 59), S. 119. Vgl. auch *ders.*, La desaparación de poderes en las entidades federativas, in: Anuario Jurídico, 2-1975, UNAM 1977, S. 7 ff.

[61] *Barquín* (s. o. N. 59), S. 120 ff.

die außerhalb der großen wirtschaftlichen Ballungsgebiete mit ihrer Millionenbevölkerung — außer der Hauptstadt ist hier die Gegend von Monterrey und von Guadalajara, der zweitgrößten Stadt Mexikos anzuführen — Industrieanlagen oder sonstige Wirtschaftsbetriebe gründen. Ursprünglich wurden solche Kommissionen zur Förderung der sozio-ökonomischen Entwicklung nur in den Staaten ins Leben gerufen, die besonders große Strukturschwächen aufwiesen. Im Jahre 1975 wurden sie in allen föderativen Körperschaften gebildet. Die regionalen Kommissionen sind für die erforderlichen Untersuchungen, Planungen und für den Vollzug der beschlossenen Pläne zuständig und koordinieren die Maßnahmen des Bundes und des Staates. Vorsitzender der Kommission ist der Gouverneur des jeweiligen Gliedstaates, in dem die Entwicklungsmaßnahme verwirklicht wird.

Diese wenigen Beispiele mögen genügen, um den Nachweis zu führen, daß auch in Mexiko wie in vielen anderen Ländern der Welt der Versuch unternommen wird, durch Verstärkung der föderativen Elemente eine Form des kooperativen Föderalismus zu schaffen, der gerade zur Lösung dringender Entwicklungsprobleme geeignet ist.

3 Die Verteidigung der Verfassung

3.1 Aktualisierte Konzeption der Gewaltenteilung

Die klassische Lehre des Liberalismus räumt allein dem Parlament als der Vertretung des Volkes das Recht ein, die Exekutive zu überwachen. In England herrscht weiterhin die Meinung, daß das Parlament, das als Instrument für die Ausübung der Volkssouveränität angesehen wird, das Monopol der Verfassungskontrolle innehat. Wenn auch in *Frankreich* führende Juristen schon früh für die Einführung einer gerichtlichen Kontrolle der Verfassungsordnung eingetreten sind — zu nennen sind hier vor allem *León Duguit* und *Maurice Hauriou* — wurde erst in der von General de Gaulle angeregten Verfassung von 1959 durch die Einführung des *Conseil Constitutionnel* der erste schüchterne Schritt auf eine Verfassungsgerichtsbarkeit hin getan[1]. Seit 1974 kann der *Conseil Constitutionnel* auch von 60 Abgeordneten oder Senatoren vor der Verkündung eines Gesetzes mit dem Ziel angerufen werden, dessen Vereinbarkeit mit der Verfassung zu überprüfen. Das vom Parlament ordnungsgemäß verabschiedete Gesetz war für den liberalen Rechtsstaat ursprünglich nur als Richtschnur für richterliche Tätigkeit, nicht aber als Objekt richterlicher Prüfung vorstellbar.

Der berühmte Art. 16 der Erklärung der Menschen- und Bürgerrechte von 1789 enthält den Grundsatz, daß ein Staatsgebilde, in dem die Gewaltenteilung nicht gesichert ist, einer Verfassung enträt. Man hat diesen Gedanken die Morgenröte des modernen Verfassungsstaates genannt, im gleichen Kontext aber auch als Utopie bezeichnet[2]. Die Gewaltenteilungslehre hat das Ziel, den Mißbrauch der Macht dadurch zu verhindern, daß eine Gewalt die andere hemmt, um dadurch einen Freiheitsraum für den Bürger zu gewährleisten.

---

[1] *Goose,* P. E., Die Normenkontrolle durch den französischen Conseil Constitutionelle, Schriften zum Öffentlichen Recht, Bd. 212, Berlin 1973, bes. S. 20 ff., *Frowein,* Jochen Abr., 25 Jahre Bundesverfassungsgericht, DÖV 1976, 685, *Fix Zamudio,* Héctor, Veinticinco años de evolución de la justicia constitucional 1940 bis 1965, UNAM 1968, S. 64 ff., *Duguit,* León, Manuel de droit constitutionnel, Paris 1918, 304 ff.; zum französischen Staatsrat (Conseil d'Etat), der bei Gesetzen weitgehend auf die Kontrolle der Verfassungsmäßigkeit verzichtet, *Fromont,* Michel, Der französische Staatsrat und sein Werk, DVBl. 1978, 89.

[2] *Carpizo,* Jorge, La Constitución Mexicana de 1917, 2. Aufl. 1973, S. 238.

Montesquieu war es, der 1748 diesen Gedanken, der bereits vor ihm zum Ausdruck gekommen war und bis auf Aristoteles zurückgeführt wird, aufgriff und die Form gab, die nachhaltigen Einfluß auf die Verfassungsentwicklung der Welt hatte. Mit dem Prinzip der Teilung der Gewalten, die verschiedenen Organen zugeordnet werden, ist im Augenblick seiner Verwirklichung die Frage der Koordinierung der öffentlichen Gewalt verbunden, die nur als Einheit funktionieren kann. Es kommt nicht darauf an, ob tatsächlich bereits *Montesquieu* selbst bei seiner Gewaltenteilungslehre die Auffassung erkennbar zugrundegelegt hatte, daß die drei Gewalten verpflichtet sind, ihre Tätigkeit aufeinander abzustimmen, wie *Maurice Hauriou* und ihm folgend *Luis Sánches Agesta* annehmen[3], oder ob *Tena Ramírez* recht hat, der meint, eine solche Auslegung stütze sich auf die gewaltsame Auslegung isolierter Textstellen[4]; in der Gegenwart wird jedenfalls kaum noch ernsthaft in Abrede gestellt, daß die Gewaltenteilung nicht ausschließlich auf die gegenseitige Hemmung von drei unabhängigen Gewalten gerichtet sein kann, sondern auf der Zusammenarbeit bei der Erfüllung verschiedener Aufgaben zur Erreichung eines gemeinsamen Zieles beruhen muß. Die verschiedenen Staatsorgane sind auch nicht berufen, sich gegenseitig beim Gebrauch der ihnen zustehenden Befugnisse zu behindern; die Gewaltenteilung stellt vielmehr ein ausgezeichnetes Mittel der Mißbrauchskontrolle und Machtbalance dar[5].

Montesquieu stellte in seinem Werk *„L'Esprit des Lois"* seine Gewaltenteilungslehre als das Ergebnis einer Beschreibung der verfassungsrechtlichen Situation Englands dar. Es ist fraglich, ob seine Darstellung jemals für Groß-Britannien zutreffend war. Dagegen kann man von *Walter Bagehot* sagen, daß er in seinem 1867 erschienenen Werk „The English Constitution" das Funktionieren des englischen Verfassungssystems zutreffend beschrieb und es darüber hinaus als Politiker und

---

[3] *Sánchez Agesta*, Luis, Principios de teoría política, 6. Aufl., Madrid 1976, S. 463 ff., im Anschluß an *Hauriou*, Maurice, Principios de derecho público y constitucional, Madrid 1927, S. 165 und 379.

[4] *Tena Ramírez*, Felipe, Derecho Constitucional Mexicano, 14. Aufl., México 1976, S. 217.

[5] Vgl. hierzu u. a. *Carpizo* (s. o. N. 2), *Tena Ramírez* (s. o. N. 4), S. 217, unter Bezugnahme auf Kant, *Fix-Zamudio*, Héctor, Función del poder judicial en los sistemas constitucionales latinoamericanos, in dem Sammelband mit demselben Titel, UNAM 1977, S. 15 f.; *Valadés*, Diego, La dictadura constitucional en América Latina, UNAM 1974, S. 32 ff., *Burgoa*, Ignacio, Derecho constitucional mexicano, 2. Aufl., México 1976, S. 689 ff., der sich insbesondere auf *Carl Schmitt* bezieht (deutsche Ausgabe der Verfassungslehre, S. 182 ff.), *Herzog, Roman*, Allgemeine Staatslehre, Frankfurt am Main 1971, S. 232 ff., *Zippelius*, Reinhold, Allgemeine Staatslehre, 6. Aufl., München 1978, S. 189 ff., bes. S. 192 ff., *Brunner*, Georg, Kontrolle in Deutschland, Köln 1972, S. 35 ff., *Achterberg*, Norbert, Probleme der Funktionenlehre, 1970, *ders.*, DÖV 1978, 676 ff., vgl. auch *Vogel*, Bernhard, Machtkontrolle und Machtbalance — Zur Rolle des Bundesrates, in: Festschrift für Dolf Sternberger, München 1977, S. 384 ff.

Publizist selbst beeinflußte. Er schilderte das reale Zusammenwirken der verschiedenen Elemente des parlamentarischen Systems in Groß-Britannien und hob den *kooperativen Charakter der politischen Institutionen* hervor[6].

Aufgaben, Arbeitsweise und Rang der Dritten Gewalt in den Zeiten Montesquieus können nicht mit der Stellung und der Funktion der Gerichte in der Gegenwart verglichen werden. Damals konnte noch niemand voraussehen, daß die durch die Gerichte ausgeübte Kontrolle nicht nur die Freiheit des Individuums, sondern auch die Verteidigung der Verfassung zu gewährleisten hätte. Der Grundsatz der Gewaltenteilung läßt sich gegenwärtig nicht mit der Starrheit vertreten, mit der er in den Verfassungstexten verankert wurde; deshalb hat er jedoch seine Bedeutung nicht verloren. Seine Rolle beschränkt sich aber darauf, die notwendige Arbeitsteilung zwischen den Organen des Staates vorzunehmen und eine Konzentration der Macht zu vermeiden[7]. Die aktualisierte Konzeption der Gewaltenteilung umfaßt auch die föderativen Strukturen, die das gleiche Ziel haben, dem Übergewicht der Bundesexekutive zu begegnen. Die Gliedstaaten bedürfen freilich der Unterstützung durch ein neutrales Verfassungsorgan, damit nicht die Kontroversen mit dem Bund nicht stets zu dessen Gunsten entschieden werden. Die grundlegende Frage der Verteidigung der Verfassung wurde seit dem Beginn der modernen Verfassungsentwicklung erörtert, auch wenn man sich häufig nicht der Tragweite des Problems bewußt war, wie auch das Beispiel der mexikanischen Verfassungsgeschichte zeigt.

3.2 Der mexikanische Amparo und die deutsche Verfassungsbeschwerde

3.2.1 Entwicklung des Amparo-Verfahrens

In der Verfassung der Vereinigten Mexikanischen Staaten von 1824 nahm man zum Schutz der Verfassung zwei verschiedenartige Vorkehrungen in die Verfassungsurkunde auf, ohne sich recht über deren Funktionen klar zu werden. Dem Bundeskongreß wurde die Befugnis

[6] *Bagehot,* Walter, The English Constitution, London 1963. Auf ihn beziehen sich auch *Lanz Duret,* Miguel, Derecho Constitucional Mexicano, México 1959, S. 229 f., und *Burgoa* (s. o. N. 5), S. 689 f., der freilich die Abhängigkeit der Regierung vom Parlament und den Unterschied zum Präsidialsystem überschätzt; zur „Prime Ministerial Government" vgl. dagegen *Lippert,* Michael R., Bestellung und Abberufung der Regierungschefs und ihre funktionale Bedeutung für das parlamentarische Regierungssystem, Schriften zum Öffentlichen Recht, Bd. 225, Berlin 1973, S. 348 ff., zu Bagehot und dem Gleichgewichtsgedanken, S. 49 ff., und *Gillessen,* Günther, in: Staatslexikon der Görresgesellschaft, Bd. I, 1957, Sp. 844 f.

[7] *Fix Zamudio,* (s. o. N. 5), S. 16.

übertragen, nach dem Vorbild der Spanischen Verfassung von Cádiz aus dem Jahre 1812 Verletzungen der Bundesverfassung zu ahnden. Gleichzeitig wurde der Oberste Bundesgerichtshof beauftragt — insoweit beeinflußt von der Verfassungspraxis der Vereinigten Staaten von Amerika —, über die Verletzung der Verfassung und der Bundesgesetze zu entscheiden[8].

In den sogenannten Sieben Verfassungsgesetzen von 1836, die unitarischen Charakter hatten, wurde der erste Versuch unternommen, ein politisches Organ zum Schutz der Verfassung zu schaffen. Es wurde *Supremo Poder Conservador* genannt und orientierte sich an einem ähnlichen System, das in der Französischen Verfassung von 1799 vorgesehen war. Wegen seiner unbegrenzten Befugnisse hat dieses Organ zum Schutz der Verfassung im politischen Bereich niemals funktioniert und wurde 1841 auch formell abgeschafft.

Gegenwärtig ist die verfassungsrechtlich und prozessual wichtigste Rechtsinstitution das *juicio de amparo,* das Amparo-Verfahren oder die Amparo-Beschwerde. Der Amparo tauchte zum ersten Male — auch unter dieser Bezeichnung — in der Verfassung des Staates Yucatán von 1841 auf, die auf einem von *Manuel Crescencio Rejón* erarbeiteten Entwurf zurückgeht. Es war zum ersten Mal, daß die richterliche Prüfung der Verfassungsmäßigkeit von Gesetzen in einem Verfassungstext verankert wurde. Auf nationaler Ebene wurde der Amparo bei der Wiedereinführung der Verfassung von 1824 durch die *Acta de Reformas* im Jahre 1847 Gegenstand des Verfassungsrechts. Als „zweiten Vater des Amparo" sieht man den Juristen und Politiker *Mariano Otero* an, der den Grundentwurf zur *Acta de Reforma* verfaßte. In Art. 25 dieses Verfassungsdokuments wurde die Bestimmung aufgenommen, die als *„fórmula Otero"* bezeichnet wird und heute noch in Art. 107 Abs. 2 der geltenden Mexikanischen Verfassung enthalten ist. Nach dieser Vorschrift darf die Entscheidung des Gerichts, die den amparo (Schutz) gegenüber Maßnahmen der Exekutive gewährt, keine allgemeinen Erklärungen enthalten. Wenn die Amparo-Beschwerde sich gegen die Verfassungswidrigkeit eines Gesetzes richtet, führt der vom Gericht gewährte Schutz nur dazu, daß zugunsten des Beschwerdeführers die angefochtene Maßnahme außer Kraft tritt. Die Mitglieder des verfassungsgebenden Kongresses von 1856/57 legten in den Art. 101 und 102 der Bundesverfassung von 1857 die maßgebenden Grundlagen des *juicio de amparo* fest, von denen einige bis zur Gegenwart fortgelten. Obwohl es sich ursprünglich ausschließlich um ein prozessuales Instrument zum Schutz der sogenannten *garantías individuales* handelte, wurde sein Anwendungsbereich allmählich immer weiter ausgedehnt.

---

8 *Fix Zamudio,* Héctor, Breve Introducción al Juicio de Amparo Mexicano, in: Memoria de El Colegio Nacional, Bd. VIII, Nr. 3 1976, S. 141 ff., S. 146.

Die Mexikanische Verfassung von 1917 griff die vorangegangene Evolution auf und legte in ihren Art. 103 und 107 die Grundzüge des *juicio de amparo* verhältnismäßig ausführlich fest. Die Entwicklung des Schutzbereichs der Amparo-Beschwerde erreichte insofern ihren Höhepunkt, als von damals an der Amparo, von wenigen in der Verfassung selbst bestimmten Ausnahmen abgesehen, die gesamte nationale Rechtsordnung von den wichtigsten Verfassungsbestimmungen bis zu den Anordnungen einer bescheidenen Verfügung einer Gemeindebehörde umfaßt; auf diese Weise erklärt sich die komplexe Natur des Amparo, die er inzwischen angenommen hat[9]. *Fix Zamudio* beschreibt fünf verschiedene Funktionen des Amparo auf folgende Weise:

— Schutz der persönlichen Freiheit wie im englischen *Habeas-Corpus*-Verfahren,
— Klage und Beschwerde wegen Verfassungswidrigkeit von Gesetzen,
— Rechtsmittel gegen Gerichtsentscheidungen,
— Anfechtung von Verwaltungsakten und administrativen Entscheidungen und schließlich
— Schutz der sozialen Rechte der Landwirte, die in eine Landreform einbezogen sind.

In dem Zusammenhang, den wir erörtern, verdienen die prozessualen Möglichkeiten, gegen verfassungswidrige Gesetze vorzugehen, besondere Aufmerksamkeit. Nach *Fix Zamudio* haben sich beim Amparo gegen Gesetze inzwischen zwei Formen herausgebildet: die *acción de inconstitucionalidad* (Klage wegen Verfassungswidrigkeit) stellt einen *unmittelbaren Angriff auf eine Anordnung des Gesetzgebers* dar. Die gesetzlichen Bestimmungen, die als verfassungswidrig angesehen werden, sind Gegenstand eines regelrechten Gerichtsverfahrens, in dem als Gegenpartei des Klägers die Staatsorgane auftreten, die an dem Gesetzgebungsprozeß mitgewirkt haben. Den zweiten Weg einer Anfechtung von verfassungswidrigen Gesetzen hat *Fix Zamudio* als *recurso de inconstitucionalidad* (Beschwerde wegen Verfassungswidrigkeit) bezeichnet. Diese Art der Anfechtung hat ihre Stütze in Art. 133 der Mexikanischen Verfassung; sie richtet sich nicht unmittelbar gegen die gesetzliche Anordnung, sondern die Gesetzmäßigkeit einer richterlichen Entscheidung. Im Verlauf des Verfahrens bedarf es einer Vorabentscheidung, ob die Gesetzesbestimmungen, die das Gericht zugrunde-

[9] Hierzu und zum Problem des Amparo überhaupt *Fix-Zamudio* (s. o. N. 8), S. 149 ff., 151, *ders.* wie in N. 5, *ders.* Judicial Protection of the Individual against the Executive in Mexico, in: Gerichtsschutz gegen die Exekutive, Bd. 2, Köln 1969, S. 713 ff., *ders.* ferner bes. auch Verfassungskontrolle in Lateinamerika, JöR 1976, S. 650 ff., *Horn*, Hans-Rudolf„ México: Revolution und Verfassung, Hamburg 1969, S. 83 ff., *ders.*, Das Amparo-Verfahren in Mexiko — Grundrechtsschutz und Wahrung staatlicher Autorität in einer sich integrierenden Gesellschaft, VRÜ 1968, 162 ff.

gelegt hat, der Verfassung entsprechen. Man kann daher von einer *präjudiziellen Frage* oder einer *Inzidentprüfung* sprechen. Die Richter der unteren Gerichte weigern sich systematisch, über die Frage der Verfassungswidrigkeit zu entscheiden, wenn sie in einem ordentlichen Prozeß von den Parteien ins Feld geführt wird.

Wenn auch in der Lehre die Meinung an Boden gewinnt, daß die Beschränkung auf den Einzelfall im Sinne der *fórmula Otero* aufzugeben sei, weil sie ihre historische Mission erfüllt hat, hat man in Mexiko noch nicht das Modell der europäischen Verfassungsgerichte übernommen, ein Gesetz mit allgemeinverbindlicher Wirkung für verfassungswidrig zu erklären, aber auch nicht das System der Popularklage, wie es in Kolumbien und Venezuela schon im vorigen Jahrhundert und in jüngerer Zeit in El Salvador und Panamá eingeführt wurde. Die Beschränkung einer Entscheidung über die Verfassungswidrigkeit eines Gesetzes auf die Wirkung zwischen den Parteien wird als umständlich und wenig wirksam, darüber hinaus auch als unsozial bezeichnet[10].

Die Gründe, die im vergangenen Jahrhundert die verfassungsrechtliche Lösung nach der *fórmula Otero* rechtfertigten, sind inzwischen entfallen. Damals herrschte nach den inneren Wirren und den ernsten Auseinandersetzungen zwischen Bund und Gliedstaaten die verständliche Furcht, daß die Autorität und das Ansehen der öffentlichen Gewalt erheblich gefährdet wären, wenn ein ordnungsgemäß verkündetes, vom Parlament verabschiedetes Gesetz für nichtig erklärt würde. Man wollte, wie es der Abgeordnete *Arriaga* ausdrückte, „daß die absurden Gesetze, die frevelhaften Gesetze, teilweise und allmählich vor den Gerichtsurteilen dahinschwinden, und nicht mit Getöse und Skandal auf einem für verhängnisvolle Kämpfe zwischen der Souveränität der Gliedstaaten und der Souveränität des Bundes offenen Platz“[11]. Die gegenwärtige Situation ist vollständig verschieden von der vor über 120 Jahren. Wenn es tatsächlich „absurde“ oder „frevelhafte“ Gesetze geben sollte, ist es gerade vom Standpunkt der politischen Ordnung und des Ansehens des Staates aus geboten, die Frage zügig und verbindlich zu entscheiden.

---

[10] *Fix Zamudio* (s. o. N. 8), S. 159. *Carpizo* (s. o. N. 2) wendet sich insbesondere dagegen, daß Menschen, die nicht in der Lage sind, sich ans Gericht zu wenden, benachteiligt sind, S. 335 f. Zur Übernahme der Grundgedanken des Amparo in anderen lateinamerikanischen Staaten *Fix Zamudio*, JöR 1976, 662, 666 ff., speziell zum Amparo in Argentien, *Rohr*, Hans Christoph von, Der argentinische Amparo-Prozeß, Bonn 1969. Gegen eine allgemeine Verbindlichkeit von Gerichtsentscheidungen über die Verfassungswidrigkeit von Gesetzen *Tena Ramírez* (s. o. N. 4), S. 545 ff. (der selbst Richter am Obersten Gericht war!).

[11] Es handelte sich um einen Beitrag zur Diskussion über die Acta de Reforma, die Ausgangspunkt für die Verfassung von 1857 war, vgl. dazu *Tena Ramírez* (s. o. N. 4), S. 528 ff., das Zitat befindet sich auf S. 530.

3.2.2 Die deutsche Verfassungsbeschwerde

In Deutschland herrschten lange Zeit die Meinungen vor, welche die Verteidigung der Verfassung einem politischen Organ anvertrauen wollten. *Carl Schmitt* stand auf dem Standpunkt, daß der Reichspräsident der geborene Wächter oder Hüter der Verfassung sei, weil er, über den Parteien stehend, eine neutrale und unabhängige Gewalt repräsentiert, die in der Lage ist, die Integrität der Verfassung zu gewährleisten[12]. Wenige Jahre danach war es der Reichspräsident *v. Hindenburg*, der *Adolf Hitler* die Regierungsgewalt übertrug. Die Theorien des Staatsrechts und der Allgemeinen Staatslehre erreichten im Deutschen Reich der Weimarer Zeit ein international anerkanntes Niveau, das dadurch beleuchtet wird, daß niemand, der Grundfragen des Staats- und Verfassungsrechts behandelt, Autoren wie *Schmitt*, *Anschütz*, *Heller*, *Smend* und *Thoma* oder auch ihre Zeitgenossen übergehen kann. Aber die Vertreter einer hoch entwickelten Staatsrechtslehre konnten nicht nur nicht verhindern, daß die Verfassung, die Gegenstand ihrer scharfsinnigen Untersuchungen war, durch eine barbarische Bewegung ersetzt wurde, die offen auf Überlegungen der vernünftigen Argumentation verzichtete, sich auf emotionale Ideen wie „Blut und Boden" berief und nach einem Wort von *Ortega y Gasset* für sich das Recht in Anspruch nahm, nicht recht zu haben. Einige der in der Zeit der Weimarer Republik entwickelten Verfassungstheorien wie die vom bloßen Programmcharakter der Grundrechte und von der Zulässigkeit verfassungsdurchbrechender Gesetze oder Rechtsverordnungen waren vielmehr geeignet, in der politischen Wirklichkeit zur Schwächung der verfassungsmäßigen Ordnung beizutragen.

Die Lehren, welche die Geltungskraft der Verfassungsnormen relativierten, haben, ohne daß man sich dessen bewußt war, den Boden dafür vorbereitet, daß durch einen Federstrich alle rechtsstaatlichen Garantien aufgehoben werden konnten. Nach dem Reichstagsbrand wurde „zur Abwehr kommunistischer staatsgefährdender Gewaltakte" durch *„Verordnung des Reichspräsidenten zum Schutz von Volks und Staat"* vom 28. Februar 1933, die noch am selben Tag im Reichsgesetzblatt verkündet wurde und in Kraft trat, die *Grundrechte „bis auf weiteres außer Kraft gesetzt"*. Es waren daher mit sofortiger Wirkung, wie es in § 1 weiter hieß, Beschränkungen der persönlichen Freiheit, des Rechts

[12] Vgl. dazu auch *Tena Ramírez* (s. o.), S. 518 ff., es wird das Werk von *Carl Schmitt*, Der Hüter der Verfassung, erörtert, das schon 1931 in spanischer Übersetzung (La defensa de la Constitución) vorlag. Der „Hüter der Verfassung" taucht in verschiedenen Veröffentlichungen *Carl Schmitts* auf; sein 1931 erschienenes Buch wurde 1969 mit demselben Titel in 2. Aufl. herausgegeben. Der Begriff kommt in seinem Festschriftbeitrag für das Reichsgericht, Bd. I, 1929, vor und ist Überschrift einer Veröffentlichung in AöR Bd. 55, (1929), S. 161 ff.

der freien Meinungsäußerung, einschließlich der Pressefreiheit, des Vereins- und Versammlungsrechts, Eingriffe in das Brief-, Post-, Telegraphen- und Fernsprechgeheimnis, Anordnungen von Haussuchungen und Beschlagnahmen sowie Beschränkungen des Eigentums auch außerhalb der sonst hierfür bestimmten gesetzlichen Grenzen zulässig. Der Rechtsstaat wurde durch den permanenten Ausnahmezustand ersetzt. Dagegen hatte das bekanntere Ermächtigungsgesetz vom 24. März 1933 allenfalls politische Bedeutung.

Das Schicksal der Weimarer Republik war Veranlassung genug für die Väter des Grundgesetzes, wirksame Vorkehrungen zu treffen, um die Grundwerte gegen eine erneute Aushöhlung zu sichern. Eine Maßnahme gegen verfassungsdurchbrechende Normen war die Vorschrift, daß das Grundgesetz nur durch ein Gesetz geändert werden kann, das den Wortlaut des Grundgesetzes ausdrücklich ändert oder ergänzt und der Zustimmung von zwei Dritteln der Mitglieder des Bundestages und zwei Drittel der Stimmen des Bundesrates bedarf (Art. 79 Abs. 1 und 2 GG). Gegen die Theorie vom bloßen Programmcharakter der Grundrechte richtete sich ebenfalls eine ausdrückliche Verfassungsvorschrift. In Art. 1 Abs. 3 GG wurde der Grundsatz verankert, daß die Grundrechte Gesetzgebung, vollziehende Gewalt und Rechtsprechung als unmittelbar geltendes Recht binden. Die Aufgabe, das Grundgesetz verbindlich auszulegen, wurde dem Bundesverfassungsgericht übertragen (vgl. Art. 93 GG).

Die Einführung eines besonderen, in der Verfassung hervorgehobenen Gerichts zur Wahrung der freiheitlich demokratischen Grundordnung stellt die entscheidende Neuerung des Grundgesetzes dar. Seine Befugnisse übertreffen in vieler Hinsicht die des österreichischen Verfassungsgerichtshofes, eine Errungenschaft der Österreichischen Verfassung von 1920[13]. Zwar bestand auch in der Weimarer Republik ein Staatsgerichtshof, der über Streitigkeiten von verschiedenen Organen des Reiches untereinander und zwischen Reich und Ländern zu entscheiden hatte. Sein Scheitern wird am deutlichsten sichtbar, wenn man sich die Vorgänge bei der Absetzung der rechtmäßigen preußischen Regierung durch den Reichskanzler *v. Papen* im Jahre 1932 vergegenwärtigt.

Die Verfassungen einiger Länder, die vor der Schaffung der Bundesrepublik Deutschland gegründet wurden, enthielten bereits Normen

---

[13] Vgl. hierzu insbesondere *Fix-Zamudio*, Veinticinco años de evolución de la justicia constitucional 1940 - 1965, UNAM 1968, zu Österreich S. 16 ff., zur Bundesrepublik Deutschland S. 74 ff.; in „Zorn darüber, daß Österreich seine Tradition aufgibt und nicht mehr zu den Pionieren in Sachen großer, beispielgebender Rechtsreformen gehört", *Marčić*, René, Zur Reform der österreichischen Verfassungsgerichtsbarkeit, in: Festschrift für Gebhard Müller, Tübingen 1970, S. 217 ff., 218.

über eine Verfassungsgerichtsbarkeit wie insbesondere Bayern, Hessen und Rheinland-Pfalz.

Im Unterschied zum Obersten Gerichtshof in Mexiko, der auch über juristische Fälle ohne unmittelbaren Bezug zum Verfassungsrecht entscheidet, ist das Bundesverfassungsgericht, das in Art. 93 GG vorgesehen ist, auf verfassungsrechtliche Fragen spezialisiert. Daneben bestehen oberste Bundesgerichte für Zivilsachen, Strafsachen, die Verwaltungsgerichtsbarkeit, Sozialrecht, Arbeitsrechtsstreitigkeiten und Steuerrecht. Ursprünglich führte der Verfassungstext nicht ausdrücklich die wichtigste Befugnis des Bundesverfassungsgerichts an, sondern überließ sie dem einfachen Gesetzgeber. Durch das Bundesverfassungsgerichtsgesetz von 1951 wurde die *Verfassungsbeschwerde* eingeführt, die in ähnlicher Form die Verfassung des Freistaates Bayern vom Jahre 1919 enthalten hatte[14]. Wegen ihrer außerordentlichen Bedeutung wurde die Verfassungsbeschwerde im Jahre 1968 *in den Text der Verfassung aufgenommen* (Art. 93 Abs. 1 Nr. 4 a GG). Nach dieser Norm der Verfassung entscheidet das Bundesverfassungsgericht über Verfassungsbeschwerden, die von jedermann mit der Behauptung erhoben werden können, durch die öffentliche Gewalt in einem seiner Grundrechte verletzt zu sein. Es besteht freilich insoweit eine Einschränkung, als die Verfassungsbeschwerde erst nach Erschöpfung des Rechtswegs erhoben werden kann, es sei denn, sie sei von allgemeiner Bedeutung oder dem Beschwerdeführer entstünde ein schwerer und unabwendbarer Nachteil, falls er zunächst auf den Rechtsweg verwiesen würde (vgl. § 90 Abs. 2 BVerfGG, Art. 94 Abs. 2 Satz 2 GG).

Das Bundesverfassungsgerichtsgesetz räumt auch die Möglichkeit ein, die Fix Zamudio „Klage wegen Verfassungswidrigkeit" genannt hat. Richtet sich die Verfassungsbeschwerde gegen ein Gesetz, so kann sie nur binnen eines Jahres seit dem Inkrafttreten des Gesetzes erhoben werden (§ 93 Abs. 2 BVerfGG). Ein Verfahren zur Überprüfung der Vereinbarkeit von Bundesrecht oder Landesrecht mit dem Grundgesetz kann auch von der Bundesregierung, einer Landesregierung oder einem Drittel der Mitglieder des Bundestages angestrengt werden, wie im Grundgesetz selbst festgelegt ist (Art. 93 Abs. 1 Nr. 2 GG). In diesen Fällen spricht man von der *abstrakten Normenkontrolle*.

Daneben besteht die Möglichkeit der *konkreten Normenkontrolle* nach Art. 100 GG. Sie dient der Klärung einer Vorfrage, die präjudiziell ist. Die ordentlichen Gerichte haben nicht die Befugnis, ein Gesetz, auf dessen Gültigkeit es bei der Entscheidung ankommt, als verfassungswidrig zurückzuweisen, soweit das Gesetz nach den Vorschriften des Grundgesetzes ordnungsgemäß zustandegekommen ist. Die Verwerfungskompetenz ist in diesem Fall das Monopol des Bundesverfassungs-

---

[14] Darauf macht auch *Fix Zamudio* (s. o. N. 13), S. 75 aufmerksam.

gerichtes. Die Gerichte sind daher verpflichtet, ihm den Fall vorzulegen, wenn das Gesetz, das sie anzuwenden hätten, nach ihrer Überzeugung verfassungswidrig ist.

In den Fällen der abstrakten und der konkreten Normenkontrolle hat die Entscheidung des Bundesverfassungsgerichts über die verfassungswidrigkeit eines Gesetzes allgemeinverbindliche Wirkung. Das angefochtene Gesetz wird für nichtig erklärt. Da die Entscheidungsformel Gesetzeskraft hat, ist sie durch den Bundesminister der Justiz im Bundesgesetzblatt zu veröffentlichen (§ 31 Abs. 2 BVerfGG).

3.3 Organisation der Verfassungsgerichtsbarkeit

3.3.1 Die Senate des Obersten Gerichtshofes und andere für das Amparo-Verfahren zuständige Gerichte

Die Erörterungen über die Verfassungsgerichtsbarkeit blieben im Bereich reiner Abstraktion, wenn Fragen des praktischen Funktionierens nicht in die Betrachtungen einbezogen würden. Bestimmte Rechte werden gegenstandslos, wenn die Gerichte nicht den erforderlichen Rechtsschutz innerhalb einer angemessenen Frist zu gewähren vermögen. Daher ist die Organisation der Verfassungsgerichtsbarkeit nicht nur eine technische Frage, sondern von entscheidender Bedeutung für die Verwirklichung der grundlegenden Rechtsprinzipien. Von daher verdienen die Anstrengungen sowohl in Mexiko als auch in der Bundesrepublik Deutschland, die das schwierige Problem lösen sollen, daß in der Mehrzahl der Fälle der Beschwerdeführer lange auf eine abschließende Entscheidung warten müssen, einige Bemerkungen.

Die verfassungsgebende Versammlung von Querétaro sah vor, daß sich der Oberste Gerichtshof *(Suprema Corte de la Justicia)* aus elf Richtern zusammensetzt und stets im Plenum entscheidet. Sie kehrte damit zu dem System der Verfassung von 1857 zurück, das bis zur Verfassungsreform von 1900 gegolten hatte. Nach kurzer Zeit stellte sich jedoch heraus, daß die Aufteilung des Obersten Gerichtshofes in Senate *(salas)* zur Bewältigung der anfallenden Arbeit unvermeidbar ist. Das wichtigste Argument für die Beibehaltung der Plenarentscheidungen ist der Gedanke der Einheit der Rechtsprechung. Da aber jeder Senat über ein anderes Rechtsgebiet zu befinden hat, können Widersprüche zwischen ihnen nur in den seltenen Fällen entstehen, bei denen mehrere Rechtsgebiete gleichzeitig berührt werden. Zur Lösung dieses Problems wurde 1951 die Möglichkeit vorgesehen, daß dann das Plenum die Entscheidung fällt[15]. Gegenwärtig gibt es vier Senate, die

---

[15] Dazu eingehend *Tena Ramírez*, selbst früher Richter am Obersten Gerichtshof (s. o. N. 4), S. 504 ff.

aus je fünf Richtern bestehen, die sowohl in der Verfassung als auch im Ausführungsgesetz *„ministros"* genannt werden. Ferner sind fünf Ersatzrichter tätig, deren wesentliche Aufgabe darin besteht, die ordentlichen Richter zu vertreten. Gegenwärtig bilden sie einen Hilfssenat, der über die Amparo-Verfahren entscheidet, die ihm durch Beschluß des Plenums übertragen werden, sobald die Feststellung getroffen wurde, daß Rückstände bestehen[16]. Zusammensetzung, Arbeitsweise und Stellung des Obersten Gerichtshofes sind in den Art. 94 bis 107 der Mexikanischen Verfassung, die Gegenstand wiederholter Änderungen waren, bis ins einzelne geregelt.

Durch die Verfassungsänderungen von 1951 wurden *Tribunales Colegiados de Circuito* mit dem Ziel geschaffen, den Obersten Gerichtshof zu entlasten. Sie können mit deutschen Oberlandesgerichten verglichen werden; zehn von ihnen verteilen sich gegenwärtig über das Land, und in der Stadt Mexiko haben sieben ihren Sitz. Sie entscheiden insbesondere bei Verfahrensverstößen von Gerichten der Einzelstaaten in erster Instanz des Amparo-Verfahrens, aber auch in zweiter Instanz über einen *recurso de apelación* (Appelationsbeschwerde), der sich gegen eine Entscheidung eines *juez federal de distrito* (Bezirksbundesrichter) wendet. Gegenwärtig üben insgesamt 63 Bezirksbundesrichter ein solches Amt aus, und zwar in den wichtigsten Orten des Landes, vorzugsweise in den Hauptstädten der Einzelstaaten und zehn in der Stadt Mexiko. Die Bundesgerichte können im Wege des Amparo- Verfahrens von den Bürgern angerufen werden, die von Entscheidungen der Behörden des Staates oder des Bundes betroffen sind; eine allgemeine Verwaltungsgerichtsbarkeit, die von Wissenschaftlern wiederholt gefordert wurde, besteht nämlich nicht. Die Amparo-Beschwerde hat aber auch die Funktion eines Rechtsmittels gegen Urteile anderer Gerichte. Diese Möglichkeit wird aus Art. 14 und 16 der Verfassung abgeleitet, worin die rechtsstaatlichen Grundsätze festgelegt sind. Von daher wird jeder Verstoß gegen materielles oder formelles Recht nach den Grundsätzen des Amparo anfechtbar.

In der Verfassung selbst sind verschiedene Vorschriften enthalten, die Vorkehrungen gegen Rückstände bei den Gerichten treffen. Eine entsprechende Verpflichtung ist in Art. 102 Abs. 2 der Mexikanischen Verfassung dem *Procurador General* auferlegt. Er hat auf eine prompte Erledigung von Rechtsstreitigkeiten hinzuwirken[17]. Trotz dieser und

---

[16] *Fix Zamudio*, Introducción (s. o. N. 8), S. 171, *ders.*, México: El organismo judicial (1950 - 1975), in: Verfassung und Recht in Übersee (VRÜ), 1977, 391 ff., insbes. S. 401 mit weiteren Einzelheiten über die Zuständigkeiten, S. 398 ff., zu den Ansätzen einer Verwaltungsgerichtsbarkeit S. 402 ff.: seit 1936 besteht das Tribunal Fiscal de la Federación (Bundesfinanzgericht).

[17] Der Procurador General hat nicht nur die Aufgaben eines Generalstaatsanwaltes, sondern vereinigt in seiner Person verschiedenartige Befugnisse

ähnlicher Vorschriften in den Ausführungs- und Verfahrensgesetzen kam es immer wieder zu größeren Rückständen. Daher wurde als Sanktion für die Verletzung der prozessualen Verpflichtung, das Verfahren voranzutreiben, in Art. 107 Nr. XIV der Mexikanischen Verfassung die Beendigung des Amparo-Verfahrens ohne eine Entscheidung in der Sache vorgesehen. Die Häufigkeit der Anwendung dieser Zurückweisung der Amparo-Beschwerde aus prozessualen Gründen *(sobreseimiento del amparo)* wurde bisweilen kritisiert; man wird aber sagen können, daß sie ein Anzeichen dafür ist, daß es übermäßig viele Amparo-Beschwerden gibt, die zu einer erheblichen Belastung der Bundesgerichte führen, während die Beteiligten häufig die Fortführung des Verfahrens aufgeben und nicht die Gerichte davon in Kenntnis setzen, daß kein Interesse mehr an einer Entscheidung besteht oder daß sich die Angelegenheit bereits erledigt hat. Die Wirksamkeit der neu geschaffenen Möglichkeiten der prozessualen Erledigung wird durch einen Vergleich der anhängigen Verfahren beleuchtet. Ihre Zahl belief sich im Jahre 1950 auf 37 881; im Jahre 1975 betrug dagegen die Zahl der beim Obersten Gerichtshof anhängigen Verfahren nur noch 2 823. Man wird daher mit Fix Zamudio sagen können, daß das Problem der Überlastung des Obersten Gerichtshofes durch die Verfassungsänderung von 1951, zu der noch die von 1967 kam, weitgehend gelöst werden konnte[18].

3.3.2 Das Bundesverfassungsgericht und seine Zulassungsausschüsse

Bei der Erörterung der Struktur des Bundesverfassungsgerichts der Bundesrepublik Deutschland ist zu berücksichtigen, daß die deutsche Verfassungsbeschwerde nicht so viele verschiedenartige Aufgaben zu erfüllen hat wie das mexikanische Amparo-Verfahren. Sie setzt die *Erschöpfung des Rechtsweges* voraus und soll nicht als „Superrevision" dienen, während in Mexiko von diesem an sich auch dort anerkannten Grundsatz wesentliche Ausnahmen gemacht werden. Im Fall des Bundesverfassungsgerichts kann man auch die in Mexiko im wesentlichen beendete Diskussion fortsetzen, ob Entscheidungen in getrennten Senaten und im Plenum getroffen werden sollen. Denn in Deutschland handelt es sich nicht um eine klare Arbeitsteilung wie beim Obersten Gerichtshof; vielmehr entfalten die beiden Senate des Bundesverfas-

(Art. 102 der Verfassung). Der Zweite Mexikanische Verfassungsrechtskongreß vom April 1978 gelangte zu dem Ergebnis, daß eine Trennung der Funktionen eines Rechtsbeistandes der Regierung und der Wahrung der Rechtsstaatlichkeit zu empfehlen sei (Crónica del segundo Congreso Mexicano de derecho constitucional, UNAM 1978, S. 43 ff.). Vgl. auch *Horn*, Hans-Rudolf, México: Revolution und Verfassung, Hamburg 1969, S. 88 ff., *Fix Zamudio*, VRÜ 1977, 407 ff.

[18] *Fix Zamudio*, VRÜ 1977, 402, vgl. auch S. 393 ff. Die Gesamtzahl der bei den Bundesgerichten anhängigen Fälle betrug im Jahre 1950 65 934.

sungsgerichts ein so ausgeprägtes Eigenleben, daß man von einem Zwillingsgericht spricht. Die im Bundesverfassungsgericht vorgesehenen Plenarentscheidungen (§ 16 BVerfGG), die bei abweichenden Entscheidungen vorgeschrieben sind, kommen selten vor. Die Verfassungstexte enthalten im Gegensatz zu Mexiko nur wenige Vorschriften über die Zuständigkeiten und die Wahl der Richter des Bundesverfassungsgerichts (Art. 93 und 94 GG). Darunter befindet sich seit 1969 die wichtige Bestimmung, daß das Bundesgesetz über das Verfahren des Bundesverfassungsgerichts die vorherige Erschöpfung des Rechtsweges zur Voraussetzung machen und ein *besonderes Annahmeverfahren* vorsehen kann (Art. 94 Abs. 2 Satz 2 GG).

Die obersten Bundesgerichte in Karlsruhe haben ebenso wie das Bundesverfassungsgericht die gleichen Probleme wie alle obersten Gerichte in allen Ländern: sie stehen unter dem Druck der großen Zahl zu entscheidender Rechtsfälle[19]. Aus diesem Grunde fehlt es auch nicht in Deutschland an radikalen Bemühungen, um die Zahl der anhängigen Verfahren zu senken. Ursprünglich enthielt das Bundesverfassungsgerichtsgesetz nur eine Möglichkeit, die heute noch besteht: nach § 24 BVerfGG können unzulässige und offensichtlich unbegründete Anträge durch einstimmigen Beschluß des Gerichts verworfen werden. Denn man hatte nicht mit einer so großen Zahl von Verfassungsbeschwerden gerechnet, weil die Erfahrungen, die in Bayern mit einer ähnlichen Rechtseinrichtung gemacht worden waren, keine Anhaltspunkte für die inzwischen zu beobachtende Entwicklung ergeben hatten. Es war daher unvermeidbar, im Jahre 1956 ein zusätzliches Verfahren zur Vorprüfung der Verfassungsbeschwerden einzuführen. Jeder Senat kann mehrere *Ausschüsse* berufen, die jeweils *aus drei Richtern* bestehen. Der Ausschuß kann durch einstimmigen Beschluß die Verfassungsbeschwerde verwerfen, wenn sie nach seiner Ansicht keine hinreichende Aussicht auf Erfolg bietet. Heute bedarf jede Verfassungsbeschwerde der Annahme zur Entscheidung (§ 93 a BVerfGG).

Die Macht dieser Zulassungsausschüsse ist wiederholt Gegenstand kritischer Untersuchungen gewesen. 94 % aller beim Bundesverfassungsgericht anhängiger Fälle sind Verfassungsbeschwerden. Ende 1976 waren es 33 707 von 35 791 insgesamt anhängigen Verfahren seit 1951. Die meisten Verfassungsbeschwerden, nämlich 97 %, gelangen niemals vor einen der beiden Senate, sondern scheitern in einer Zulassungskommission. Es gibt Fälle, bei denen einer Verfassungsbeschwerde, die zunächst als offensichtlich unbegründet zurückgewiesen worden war, in

[19] Das Problem der Überlastung des U.S. Supreme Courts und mögliche Reformen zu seiner Entlastung sind Gegenstand einer eingehenden Studie, die von *Casper*, Gerhard und *Posner*, Richard A., unter dem Titel The Workload of the Supreme Court, Chicago 1976, veröffentlicht wurde, dazu die Besprechung von *Rupp*, Hans G., in: DÖV 1978, 700.

einer Entscheidung des zuständigen Senats stattgegeben wurde[20]. Es liegt recht nahe, gegen eine solche Praxis verfassungsrechtliche Bedenken vorzubringen. Die Forderung, daß die Entscheidungen der gegenwärtig bestehenden sechs Zulassungskommissionen veröffentlicht werden, erscheint gerechtfertigt, um ein Mindestmaß an Durchschaubarkeit zu gewährleisten, auf die gerade die beratend tätigen Juristen angewiesen sind. Die „ständige geistige Auseinandersetzung", die das Bundesverfassungsgericht selbst als ein „Lebenselement einer freiheitlich-demokratischen Staatsordnung" bezeichnet hat, findet ausgerechnet bei 91 % der Arbeit des Bundesverfassungsgerichts nicht statt[21]. Das Problem, daß die meisten Verfassungsbeschwerden nicht vom Gericht, sondern vom Zulassungsausschuß entschieden werden, zwingt zur Prüfung der Frage, ob damit dem verfassungsrechtlich verankerten Recht auf Einlegung einer Verfassungsbeschwerde genüge getan wird, selbst wenn man berücksichtigt, daß die Zulassungsausschüsse — übrigens nicht zuletzt auf Anregung des Bundesverfassungsgerichts selbst — verfassungsrechtlich dadurch abgesichert wurden, daß in Art. 94 Abs. 2 Satz 2 GG „ein besonderes Annahmeverfahren" ausdrücklich erwähnt wird. Ein Ausweg könnte die Belebung des Annahmeverfahrens nach § 93 a Abs. 4 BVerfGG darstellen, in dessen Verlauf alle die Verfassungsbeschwerden durch das Gericht selbst entschieden werden können, die zwar nicht offensichtlich unbegründet, aber rechtlich problemlos sind. Sollten keine anderen Möglichkeiten bestehen, kann auch nicht mehr die Überlegung ausgeschlossen werden, einen Dritten Senat zu schaffen, um den Grundrechtsschutz zu gewährleisten, der verfassungsmäßig vorgeschrieben ist[22].

---

[20] *Sailer*, Christian, Verfassungsbeschwerde im Zwielicht, ZRP 1977, 303 ff., bes. S. 305 unter Hinweis auf BVerfGE 23, 191 (206). Vgl. ferner *Zuck*, Rüdiger, ZRP 1978, 189 ff. („Das Bundesverfassungsgericht als Dritte Kammer").

[21] *Sailer*, ZRP 1977, 309 unter Hinweis auf BVerfGE 7, 198 (208), im gleichen Sinne auch *Rupp*, DÖV 1976, 691 und *Bachof*, NJW 1968, 1065.

[22] *Sailer*, ZRP 1977, 310, der im übrigen die Einführung des Anwaltszwangs, möglicherweise mit einer auf Fachanwälte gekoppelten Zulassung in Betracht zieht, damit die Verfassungsbeschwerde nicht „form-, kosten- und aussichtslos" bleibt. Der zusätzliche Senat wird als „allerletzter Ausweg" vorgeschlagen und darauf hingewiesen, daß das Bundesverfassungsgericht schon einmal aus 24 Richtern bestand; diese könnten nun statt zwei drei Spruchkörper bilden. Dagegen ist die Selbstverständlichkeit bemerkenswert, mit der der Richterausschuß als „gesetzliche Richter" angesehen und die Erweiterung seiner Kompetenzen hingenommen wird (so bei *Maunz*, Rdnr. 37 zu Art. 94 GG mit Hinweisen auf die Rechtsprechung). *Zacher*, Hans F., Die Selektion der Verfassungsbeschwerden, in: Bundesverfassungsgericht und Grundgesetz, Bd. I, Tübingen 1976, spricht nach eingehender Würdigung der gesamten Problematik zwar von der auffälligen „differenzierten Scheinrationalität der Verfahrensweisen und sachlichen Entscheidungskriterien", bescheinigt jedoch im Ergebnis dem Bundesverfassungsgericht, „die Grenze pragmatisch und doch überzeugend" zu ziehen (S. 431).

3.4 Inanspruchnahme weiterer Zuständigkeiten in der Rechtsprechung des Bundesverfassungsgerichts

3.4.1 Verfahrensautonomie des Bundesverfassungsgerichts

Die Entscheidung des Bundesverfassungsgerichts, die ein Gesetz für verfassungswidrig erklärt, kann nach den ursprünglichen Vorstellungen des Gesetzgebers nicht zwischen mehreren Rechtsfolgen eine Auswahl treffen. Nach dem System des Bundesverfassungsgerichtsgesetzes folgt aus der Feststellung, daß ein Gesetz nicht der Verfassung entspricht, zwingend dessen *Nichtigkeit von Anfang an*. In vielen Fällen gelangte jedoch das Gericht zu der Überzeugung, daß ein bestimmtes Gesetz eigentlich verfassungsrechtlichen Grundsätzen — zumeist handelte es sich um den Gleichheitsgrundsatz (Art. 3 GG) — zuwiderläuft, daß jedoch die Erklärung der Nichtigkeit unangemessene Folgen hätte. Dann wurden in der Begründung seine Überlegungen dargelegt, die geeignet sind, die Annahme der Verfassungswidrigkeit zu rechtfertigen; gleichzeitig erhielt der Gesetzgeber Gelegenheit, das Gesetz entsprechend den Vorstellungen des Bundesverfassungsgerichts zu ändern; dabei wurde zugleich eine Frist gesetzt. Das Gericht stützt sich dabei auf § 35 BVerfGG, wonach das Bundesverfassungsgericht in seiner Entscheidung bestimmen kann, wer sie vollstreckt, und die Möglichkeit hat, „auch im Einzelfall die Art und Weise der Vollstreckung" zu regeln[23].

Eines der wichtigsten Beispiele dieser Art ist die Entscheidung des Ersten Senats vom 12. März 1975 über die *Stellung der Frau in der Sozialversicherung*. Das Bundesverfassungsgericht hatte eine größere Zahl von Verfassungsbeschwerden und von Vorlagebeschlüssen der Gerichte nach Art. 100 GG verbunden, die Vorschriften der Reichsversicherungsordnung und des Angestelltenversicherungsgesetzes wegen Verstoß gegen den Gleichheitsgrundsatz als verfassungswidrig angesehen hatten. Die Nichtigkeit der betreffenden Vorschriften über die Renten für Frauen wurde nicht in der Entscheidungsformel festgestellt und die Verfassungsbeschwerden wurden formell zurückgewiesen. Die Entscheidung erklärte die angefochtenen Vorschriften aus dem Bereich

[23] Vgl. hierzu insbesondere *Rupp-v. Brüneck*, Darf das Bundesverfassungsgericht an den Gesetzgeber appelieren?, in: Festschrift für Gebhard Müller, Tübingen 1970, S. 366 ff., *Zippelius*, Reinhold, Verfassungskonforme Auslegung von Gesetzen, in: Bundesverfassungsgericht und Grundgesetz, 1976, S. 108 ff., *Bachof*, Otto, Der Richter als Gesetzgeber?, in: Festschrift zum 500-jährigen Bestehen der Tübinger Juristenfakultät, Tübingen 1977, S. 177 ff., zu den kritischen Stimmen vgl. aus neuester Zeit *Zuck*, Rüdiger, Das Bundesverfassungsgericht als Dritte Kammer, ZRP 1978, 189 ff., und *Eckertz*, Rainer, Die Kompetenz des Bundesverfassungsgerichts und die Eigenheit des Politischen, Der Staat, 1978, S. 183 ff., der besonders den politischen Charakter der Entscheidungen des BVerfG beklagt.

der Sozialversicherung nur insoweit als verfassungskonform, als sie für eine Übergangszeit hingenommen werden könnten, weil eine Aufhebung der höchst komplizierten Regelungen zu einem rechtsleeren Raum führen würde, der nicht erträglich wäre. Der Gesetzgeber wird im amtlichen Leitsatz der Entscheidung verpflichtet, sich um eine sachgerechtere Lösung des Problems der sozialen Sicherung der Frau zu bemühen, die einen Verstoß gegen Art. 3 Abs. 2 und 3 GG für die weitere Zukunft ausschließt. Daß mit dieser Entscheidung die Beschwerdeführer im Grunde obsiegt hatten, wird auch unter prozessualen Gesichtspunkten deutlich. In der Entscheidung über die Kosten wird nämlich die Bundesrepublik Deutschland verpflichtet, den Beschwerdeführern die notwendigen Auslagen zu erstatten. Der Termin, bis zu dem ein neues Gesetz in Kraft getreten sein muß, ist in den Gründen genau festgelegt. Wegen der umfangreichen und zeitraubenden Vorarbeiten, von denen das Gericht spricht, geht es davon aus, daß die Neuregelung „bis zum Ende der übernächsten Legislaturperiode" vorliegen muß[24]. Damit ist das Jahr 1984 bestimmt.

In ähnlicher Weise entschied das Bundesverfassungsgericht in der Frage der *steuerlichen Behandlung der Unterhaltsleistungen Geschiedener,* getrennt lebender Ehegatten und Unverheirateter für ihre Kinder, die nicht in ihrem Haushalt leben. Die Verfassungsbeschwerden wurden auch in diesem Fall zurückgewiesen, soweit es um die entscheidende Rechtsfrage geht. Die Nichtberücksichtigung der Unterhaltsleistungen und der damit verbundene völlige Ausschluß von kinderbedingten Vergünstigungen wird zwar als Verstoß gegen den Gleichheitsgrundsatz dargestellt. Nach der ausdrücklichen Feststellung des Bundesverfassungsgerichts gibt es jedoch keine durch Art. 3 Abs. 1 GG eindeutig gebotene Lösung. „Die Regelung muß daher" — wie es im letzten Satz der Gründe heißt — „dem Gesetzgeber überlassen bleiben"[25].

Es entsteht der Eindruck, daß bisweilen das Bundesverfassungsgericht auch unmittelbar Gesetzgebungsaufgaben ausübt. Es hob nicht nur das Fünfte Strafrechtsänderungsgesetz vom 18. Juni 1974 mit der Begründung auf, daß es der verfassungsrechtlichen Verpflichtung, *das werdende Leben zu schützen,* nicht in dem gebotenen Umfang gerecht werde, sondern ordnete in der Entscheidungsformel auch im einzelnen an, welcher Wortlaut des Strafgesetzbuches bis zum Inkrafttreten einer gesetzlichen Neuregelung gelten soll[26].

In gleicher Weise erklärte das Bundesverfassungsgericht in einer Entscheidung seines Zweiten Senats vom 13. April 1978 ein Gesetz für

---

[24] BVerfGE 39, 169, 195.
[25] Entscheidung des Ersten Senats vom 8. Juni 1977, BVerfG 45, 104 (S. 141).
[26] Entscheidung des Ersten Senats vom 25. Februar 1975, BVerfG 39, 1 ff.

nichtig und legte in der Urteilsformel fest, in welcher Fassung das Gesetz gelten soll. Es handelte sich um das Gesetz zur Änderung des Wehrpflichtgesetzes und des Zivildienstgesetzes. In zwölf amtlichen Leitsätzen wurden die maßgebenden Richtlinien für die *Anerkennung als Kriegsdienstverweigerer* aus Gewissensgründen und die weiteren Rechtsfragen, die sich aus dem Gesetz ergeben, ausführlich dargelegt. Der Antrag auf abstrakte Normenkontrolle war von der Opposition im Deutschen Bundestag und den Ländern Bayern, Baden-Württemberg und Rheinland-Pfalz gestellt worden[27].

Ein weiteres Beispiel für die Neigung des Bundesverfassungsgerichts, von sich aus die Regeln des Verfahrens zu bestimmen und schwierigen politischen Fragen nicht aus dem Wege zu gehen, ist die Entscheidung über die Zulässigkeit des Vorlagebeschlusses des OVG Münster, das bezweifelt hatte, daß das Atomgesetz den Bau von sogenannten Schnellen Brütern mit hinreichender Deutlichkeit erlaubt hat[28]. Nach allem, was bisher zu Art. 100 GG und den Ausführungsbestimmungen im Bundesverfassungsgerichtsgesetz zu der Zulässigkeit eines Vorlagebeschlusses zur Prüfung der Verfassungsmäßigkeit einer gesetzlichen Bestimmung gesagt worden war, hätte der Beschluß des Obersten Verwaltungsgerichts des Landes Nordrhein-Westfalen als nicht zulässig angesehen werden müssen. Das Bundesverfassungsgericht ließ sich offenkundig von dem Bestreben leiten, nicht nur über die friedliche Nutzung der Atomenergie, sondern auch über einige Grundfragen des Verhältnisses der drei Gewalten zueinander eine Entscheidung zu treffen, deren Notwendigkeit nicht zu bezweifeln ist. In der Entscheidung zur Hauptsache wird gesagt, daß die Genehmigung von Kernkraftwerken des Typs des sogenannten Schnellen Brüters nach § 7 Abs. 1 und 2 des Atomgesetzes mit dem Grundgesetz vereinbar ist. In dem amtlichen Leitsatz 4 der Entscheidung wurde ein Grundsatz hervorgehoben, der geeignet ist, dem Bundesverfassungsgericht selbst von Gegnern seiner Rechtsprechung entgegengehalten zu werden; hervorzuheben sind insbesondere folgende Feststellungen:

„4. In einer notwendigerweise mit Ungewißheit belasteten Situation ... ist es nicht Aufgabe der Gerichte, mit ihrer Einschätzung an die Stelle der dazu berufenen politischen Organe zu treten. Denn insoweit ermangelt es rechtlicher Maßstäbe[29]."

---

27 Entscheidung des Zweiten Senats in: DÖV 1978, 507 ff., dazu kritisch *Ipsen*, Jörn, Wehrdienst, Ersatzdienst und Pflichtengleichheit, ZRP 1978, 153 ff.

28 OVG Münster, NJW 1978, 439 (Aussetzungs- und Vorlagebeschluß vom 18. August 1978), zur Zulässigkeit BVerfGE 47, 146 ff.

29 Der Beschluß des Zweiten Senats zur Hauptsache — 2 BvL 8/77 — ist zwar bereits am 8. August 1978 ergangen, aber erst Anfang Dezember bekannt gemacht worden. Zum Problem der gerichtlichen Kontrolldichte mit ähnlicher Tendenz wie das BVerfG *Ossenbühl*, Fritz, Die gerichtliche Überprüfung der Beurteilung technischer und wirtschaftlicher Fragen in Geneh-

3.4.2 Das Verhältnis zum Gesetzgeber

Die angeführten Entscheidungen, die keineswegs Einzelfälle in Ausnahmesituationen darstellen, legen die Frage nahe, ob das Bundesverfassungsgericht nicht zu Unrecht Befugnisse des Gesetzgebers in Anspruch genommen hat. Eine Warnung vor einer Grenzüberschreitung enthält nicht nur die angeführte Entscheidung zum „Schnellen Brüter“, die gewiß noch eingehend erörtert werden wird, sie ist auch schon früher von Bundesverfassungsrichtern ausgesprochen worden. Die inzwischen verstorbene Bundesverfassungsrichterin *Wiltraut Rupp-v. Brüneck* hat es als eine der wesentlichen Aufgaben der Rechtsprechung der Zukunft bezeichnet, die Zusammenhänge zwischen der Reichweite der Gesetzesprüfung und der Funktionsteilung zwischen der verschiedenen Gewalten deutlich zu machen und von daher Kriterien zu entwickeln, die trotz der Erweiterung des Bereichs der verfassungsgerichtlichen Prüfung verhindern, daß das Bundesverfassungsgericht in die Rolle eines Ersatzgesetzgebers gerät[30]. Diese Fragen werden in der Bundesrepublik Deutschland seit einiger Zeit unter dem Gesichtspunkt des *judicial self-restraint* erörtert. Dieser Begriff kommt aus dem Verfassungsrecht der Vereinigten Staaten von Amerika und hat die notwendige richterliche Selbstbescheidung oder die erforderliche Zurückhaltung der richterlichen Gewalt gegenüber den beiden anderen Gewalten zum Gegenstand[31]. Der Bundesminister der Justiz, *Hans-Jochen Vogel,* hat davor gewarnt, „die Verfassung in allzu kleine Münze umzuwechseln und bei Detailfragen mit dem Argument aufzutreten, dies und nichts anderes gebiete das Grundgesetz“, oder ohne Not zu Fragen Stellung zu nehmen, die es auch auf sich hätte beruhen lassen können, und dabei zugleich detaillierte Anweisungen an den Gesetzgeber zu erteilen[32]. Mit Recht hat man darauf hingewiesen, daß das Bundesverfassungsgericht seine Autorität und seine Bedeutung als staatlicher Integrationsfaktor gefährdet, wenn es nicht von den ihm eingeräumten Befugnissen behutsam Gebrauch macht[33].

---

migungen des Baus von Kraftwerken, DVBl. 1978, 1 ff., *Horn,* Hans-Rudolf, Rechtsstaat und Elektrizität, DVBl. 1977, 13 ff., *Engisch,* Karl, Einführung in das juristische Denken, 7. Aufl. 1977, zum Problem des Ermessens S. 108 ff. N. 123 (S. 260 ff.); für nähere gesetzliche Regelungen *Listl,* Joseph, Die Entscheidungsprärogative des Parlaments für die Errichtung von Kernkraftwerken, DVBl. 1978, 10 ff. Der Beschluß des BVerfG vom 8. August 1978 ist auch in NJW 1979, 359 ff. abgedruckt.

[30] *Rupp-v. Brüneck,* Wiltraut, Landesbericht der Bundesrepublik Deutschland für die Dritte Konferenz der Europäischen Verfassungsgerichte, AöR 102 (1977), S. 1 ff. (24 f.).

[31] Vgl. dazu aus neuester Zeit *Kriele,* Martin, Recht und Politik in der Verfassungsrechtsprechung, NJW 1976, 777 ff., *Achterberg,* Norbert, Bundesverfassungsgericht und Zurückhaltungsgebote, DÖV 1977, 649 ff.

[32] *Vogel,* Hans-Jochen, Videant judices! Zur aktuellen Kritik am Bundesverfassungsgericht, DÖV 1978, 665 ff., 667.

Die Parallelen dieser Diskussion zu der Erörterung über die *fórmula Otero*, die noch keineswegs abgeschlossen ist, sind offenkundig. Denn das grundlegende Problem sind die Auswirkungen eines Urteils, das ein Gesetz für nichtig erklärt, auf das Funktionieren der Staatsgewalt. Denn eine solche Entscheidung beeinträchtigt sowohl die Kompetenzen des frei gewählten Parlaments als auch die Befugnisse der demokratisch legitimierten Exekutive. Eine Entscheidung des Gerichts, die auf eine sofortige Nichtigkeitserklärung mit rückwirkender Kraft verzichtet, das angefochtene Gesetz im Wege der verfassungskonformen Auslegung bis auf weiteres in Kraft läßt und dem Gesetzgeber Gelegenheit gibt, den Anforderungen der Verfassung gerecht zu werden, vermeidet die schädlichen Folgen einer unerträglichen Lücke im Recht, die durch den Wegfall einer unbedingt erforderlichen gesetzlichen Regelung entstünde. Diesen Gesichtspunkt hat das Bundesverfassungsgericht in mehreren Entscheidungen hervorgehoben, in denen davon die Rede ist, daß durch die Erklärung der Nichtigkeit des angefochtenen Gesetzes „ein Zustand geschaffen würde, der der verfassungsmäßigen Ordnung noch ferner stünde als der jetzige" oder eine „schwer erträgliche Unsicherheit über die Rechtsgrundlage" herbeigeführt würde[34]. *Otto Bachof* hat diese Rechtsprechung des Bundesverfassungsgerichts mit Recht als Fortschritt bezeichnet[35]. Er bezeichnet die *Ipso-iure-Nichtigkeit* und die *ex-tunc-Nichtigkeit* verfassungswidriger Gesetze und überhaupt aller gegen ranghöheres Recht verstoßenden Rechtsvorschriften als *„kein Gebot juristischer Logik"* und wendet sich dagegen, sie als unbezweifelbare Grundsätze der Rechtsdogmatik anzusehen, auch wenn das Grundgesetz und das Bundesverfassungsgerichtsgesetz jedenfalls in dessen ursprünglicher Fassung sie erkennbar zugrundelegten, während dagegen das Beispiel Österreichs zeigt, daß auch andere Regelungen denkbar sind[36].

Die Rechtsprechung des Bundesverfassungsgerichts, die Gesetze zwar als unvereinbar mit dem Grundgesetz bezeichnet, sie jedoch gleichwohl weitergelten läßt, hat weniger heftige Kritik erfahren, als man hätte erwarten können, sondern vielfach Beifall gefunden, weil sie im Ergebnis als vernünftig betrachtet wurde. Freilich wird man sagen müs-

---

33 *Schenke*, Wolf-Rüdiger, Die Verfassungsorgantreue, Schriften zum Öffentlichen Recht, Berlin 1977, S. 120, zustimmend *Vogel*, DÖV 1978, 668.

34 *Bachof* (s. o. N. 23), S. 185; folgende Entscheidungen des Bundesverfassungsgerichts werden angeführt: BVerfGE 33, 303 (347), 34, 9 (44), 38, 1 (22), 40, 196 (227), 40, 296 (329).

35 *Bachof* (s. o. N. 23), S. 192.

36 *Bachof* (s. o.), S. 182 f., mit weiteren Nachweisen. Vgl. dazu insbesondere schon *Maunz* (1971), in: Maunz / Dürig / Herzog, Grundgesetz-Kommentar, Rdnr. 36 zu Art. 93 GG, der darauf hinweist, daß das Bundesverfassungsgericht von der ex-tunc-Wirkung spricht (so in BVerfGE 7, 377), sich aber im Ergebnis nicht an diesen Satz hält.

sen, daß sie kaum noch als Auslegung von Normen im herkömmlichen Sinn und auch schwerlich noch als Rechtsfortbildung verstanden werden kann, zumal der Gesetzgeber ausdrücklich den von der Bundesregierung vorgelegten Gesetzentwurf abgelehnt hat, der eine Erklärung der Nichtigkeit von Gesetzen nur mit Wirkung für die Zukunft vorsah (Änderung von § 79 Abs. 2 BVerfGG). Unter diesen Umständen hätte es doch eigentlich, wie *Bachof* bemerkt, alarmierend wirken müssen, daß Gerichte — außer dem Bundesverfassungsgericht gingen insbesondere auch der Baden-Württembergische Staatsgerichtshof in dieser Weise vor — *ohne* Gesetzesänderungen von dem Prinzip der *ex-tunc*-Wirkung abwichen, obwohl die Verfassungsexperten von Bundestag und Bundesrat nicht einmal dem einfachen Gesetzgeber ein solches Recht zugestehen wollten[37].

Im Interesse der Rechtsklarheit wäre es wünschenswert, die wichtigsten Rechtsfragen, die sich aus der Feststellung der Verfassungswidrigkeit von Gesetzen ergeben, je nach ihrem Rang in der Verfassung oder im Gesetz zu regeln. In Mexiko haben Verfassungsnormen über diese Fragen eine mehr als 120jährige Tradition. Beide Rechtssysteme könnten sich auf eine mittlere Linie hin bewegen, die dadurch gekennzeichnet ist, daß die tragenden Grundsätze mit hinreichender Klarheit positivrechtlich umrissen sind, jedoch gleichzeitig den Gerichten eine flexible Ausgestaltung des Verfahrens im Rahmen bestimmter Normen überlassen bleibt. In Mexiko könnte eine Neuregelung die *fórmula Otero* aufgeben, deren Bedeutung durch Verfassungsänderungen aus neuerer Zeit ohnedies eingeschränkt wurde (vgl. Art. 107 Nr. II Abs. 2). In der Bundesrepublik Deutschland könnte das nur noch historisch bedeutsame *Dogma der automatischen und unbedingten Rückwirkung von Nichtigkeitserklärungen*, die auch in anderen Rechtsgebieten lange Zeit sachgerechten Lösungen im Wege gestanden hat, in gesetzestechnisch befriedigender Weise *beseitigt* werden[38].

3.5 Selbstdarstellung des Staates und Verfassungsrechtsprechung

Der Begriff der Selbstdarstellung des Staates findet in staatsrechtlichen Veröffentlichungen aus jüngerer Zeit zunehmend Verbreitung,

---

[37] Vgl. *Bachof* (s. o. N. 23), S. 186 und *Maunz* (s. o. N. 36), Rdnr. 36 und 37.

[38] Leider sah sich die Enquete-Kommission Verfassungsreform — wie sie in ihrem Schlußbericht ausführt — nicht in der Lage, „Fragestellungen zur Verfassungsgerichtsbarkeit" (so die Überschrift zu Kapitel 16) „in einer der Bedeutung des Gegenstandes angemessenen Weise in der ihr zur Verfügung stehenden Zeit zu behandeln". Als Gegenstand möglicher Verfassungsänderungen wurden immerhin die Einführung einer Nichtigkeitserklärung von Gesetzen pro futuro und die Einrichtung und Tätigkeit der sog. Dreierausschüsse angeführt (Zur Sache 2/77, S. 266 ff.). Für eine gesetzliche Regelung *Maunz* (s. o. N. 36), Rdnr. 37 zu Art. 93 GG.

obwohl das Wort „Selbstdarstellung“ noch nicht einmal Aufnahme in die Wörterbücher der deutschen Sprache gefunden hat[39]. Man wird aber nicht sagen können, daß es sich um eine Frage handele, die erst ein Problem unserer Zeit darstellt. Ansehen und Einfluß jedes politischen Systems hängt in hohem Maße davon ab, in welcher Weise es sich seinen Bürgern darstellt. Jede soziale Organisation ist darauf angewiesen, ihre Existenz, ihre Ziele und die Verwirklichung ihrer Pläne dauernd gegenüber der Öffentlichkeit vorzuweisen, um sich gegenüber den Mitgliedern und der Umwelt als vertrauenswürdig und erfolgreich zu präsentieren.

3.5.1 Grenzen und Grundlagen staatlicher Selbstdarstellung

Das Bundesverfassungsgericht hat in seiner Entscheidung vom 2. März 1977, die sich mit der Unzulässigkeit der Wahlwerbung durch die regierungsamtliche Öffentlichkeitsarbeit befaßt, grundlegend zu diesen Fragen Stellung genommen und *maßgebliche Kriterien zur Legitimation der Exekutive und zur Bestimmung ihrer Grenzen* entwickelt[40]. Wie *Helmut Quaritsch* hervorgehoben hat, gehört diese Entscheidung zu den bedeutendsten, die das Gericht in seiner 25jährigen Geschichte getroffen hat[41]. Die parlamentarische Opposition des Deutschen Bundestages hatte sich gegen die Wahlpropaganda der Bundesregierung mit öffentlichen Mitteln gewandt und ein Urteil erwirkt, in dessen Entscheidungsformel festgestellt wird, daß die Bundesregierung dadurch gegen Art. 20 Abs. 1 und Abs. 2 GG und den Grundsatz der Chancengleichheit bei Wahlen (Art. 21 Abs. 1, 38 Abs. 1 GG) verstoßen hat, daß sie vor der Bundestagswahl vom 3. Oktober 1976 durch Anzeigenserien, Faltblätter und sonstige Publikationen werbend in den Wahlkampf eingegriffen hat. In den Gründen wird dazu ausgeführt, daß die Freiheit der Wahlen, die allein demokratische Legitimation zu verleihen vermag, auch erfordert, daß die Wähler ihr Urteil in einem freien, offenen Prozeß der Meinungsbildung gewinnen und fällen können[42].

Die Bedeutung des Urteils besteht nicht nur darin, daß der Exekutive mit der gebotenen Deutlichkeit Schranken gewiesen werden. Von glei-

---

[39] *Quaritsch*, Helmut, Probleme der Selbstdarstellung des Staates, Tübingen 1977, S. 7 ff., vgl. auch zum folgenden.

[40] Urteil des Zweiten Senats BVerfGE 44, 125 ff.

[41] *Quaritsch* (s. o. N. 39), S. 12, N. 16. Zur Selbstdarstellung des Staates vgl. ferner insbesondere *Krüger*, Herbert, Allgemeine Staatslehre, 2. Aufl. 1966, S. 892 ff., *ders.* in: Quaritsch, Helmut (Hrsg.), Die Selbstdarstellung des Staates, Schriftenreihe der Hochschule Speyer, Bd. 63, 1977, S. 21 ff. „Von der Staatspflege überhaupt“ und *Stern*, Klaus, Das Staatsrecht der Bundesrepublik Deutschland, Bd. I, 1977, S. 224 ff.

[42] BVerfGE 44, 125 (139) unter Hinweis auf BVerfGE 20, 56 (97).

cher Wichtigkeit ist die Beschreibung einer *legitimen Selbstdarstellung des Staates*, wenn auch dieser Begriff nicht gebraucht wird. *Öffentlichkeitsarbeit* von Regierungen wird nicht nur als in Grenzen verfassungsrechtlich zulässig bezeichnet, sondern auch als notwendig hervorgehoben. Ihre Aufgabe ist es nach den Ausführungen des Gerichts, ein weitgehendes Einverständnis der Bürger mit der vom Grundgesetz geschaffenen Staatsordnung lebendig zu erhalten. Sie soll auch dazu beitragen, die Mitwirkung der Bürger an der politischen Willensbildung des Volkes zu ermöglichen; ihre Voraussetzung ist es, daß der einzelne von den zu entscheidenden Sachfragen, von den Entscheidungen und Maßnahmen der Staatsorgane und den erörterten Vorschlägen zur Lösung von Problemen genügend weiß, um sie zu beurteilen, billigen oder verwerfen zu können. Aufgabe staatlicher Öffentlichkeitsarbeit kann es auch sein, schwierige Zusammenhänge aufzuzeigen, um auch Verständnis für unpoluläre Maßnahmen zu wecken, zu der jede verantwortliche Politik gezwungen sein kann[43].

In einer Anmerkung zu dem Urteil des Bundesverfassungsgerichts hat man gesagt, daß es eine „dem Staat wieder einen Eigenwert zumessende Betrachtung" enthalte[44]. Die Selbstdarstellung des Staates wirkt sich unmittelbar auf das entscheidende Verhältnis zwischen Volk und Regierung aus, das mit Recht eine der Grundfragen des öffentlichen Rechts und der politischen Wissenschaften ist. Deshalb ist es erstaunlich, wie lange man an der Tatsache vorbeiging, daß die Staatsorgane durch ihre Handlungen, aber auch ihre Unterlassungen stets die Meinung und die Einstellung der Bevölkerung in entscheidender Weise beeinflussen. Die staatlichen Gewalten haben die legitime Aufgabe, sich als solche der Öffentlichkeit darzustellen; andernfalls würden sie sich selbst aufgeben.

Die Selbstdarstellung des Staates vollzieht sich in verschiedenen Formen. Die Staatsorgane haben das wichtige Privileg, die *nationalen Symbole* als klassische Mittel der Identifikation eines Volkes zu verwenden. Auch diese Form der Selbstdarstellung ist nicht immer ohne Probleme; bei den Schwierigkeiten, die in Deutschland in diesem Zusammenhang entstanden sind, wurde deutlich, daß auch der moderne Mensch unseres Jahrhunderts ein Bedürfnis für nationale Symbole hat und daß Fehler, die auf diesem Gebiet gemacht werden, absurde Konsequenzen haben können. Die Weimarer Reichsverfassung über-

---

[43] BVerfGE 44, 125 (147 f).

[44] *Seifert*, Karl-Heinz, DÖV 1977, 289, dazu und zum folgenden *Stern*, Klaus, Das Staatsrecht der Bundesrepublik Deutschland, Bd. I, München 1977, S. 224 ff. insbesondere zum Begriff der Staatspflege, der auf *A. Haenel*, Deutsches Staatsrecht, Bd. I 1892, S. 331 ff. zurückgeht und insbesondere von *Krüger* (s. o. N. 41), S. 25, und Allgemeine Staatslehre, 1966, S. 214 ff., wieder belebt wurde.

nahm die Flagge der Revolution von 1848 und bestimmte in Art. 3 als Reichsfarben *schwarz-rot-gold*. In dem gleichen Artikel wurde aber als Handelsflagge die kaiserliche Fahne schwarz-weiß-rot beibehalten; die Reichsfarben wurden in „die obere innere Ecke“ verbannt. Diese halbherzige Entscheidung hat dazu beigetragen, daß die Farben der Weimarer Republik von vielen nicht als Symbol ihrer nationalen Identität anerkannt wurden. Das Bonner Grundgesetz traf dagegen eine eindeutige Entscheidung für die Farben der deutschen Demokratie (Art. 22). Weniger überzeugend ist das Problem der deutschen *Nationalhymne* gelöst. Der Versuch von Bundespräsident *Heuß*, eine Auftragsarbeit von *Rudolf Alexander Schröder* an die Stelle des Deutschlandliedes zu setzen, war wegen mangelnder Übereinstimmung mit der Bevölkerung zum Scheitern verurteilt[45]. Der 1952 gefundene Kompromiß, die dritte Strophe des Deutschlandliedes zur Nationalhymne zu erklären, hat dazu geführt, daß der Text vor allem älteren Mitbürgern weitgehend unbekannt ist. Nach dem Zweiten Weltkrieg spielte man nach dem Sieg eines deutschen Wettkämpfers in einer der ersten internationalen Sportveranstaltungen den Karnevalsschlager „Wir sind die Eingeborenen von Trizonesien“, der sich im Gegensatz zur ersten Strophe des Deutschlandliedes zutreffend auf das Gebiet der heutigen Bundesrepublik beschränkte.

3.5.2 Staatsverdrossenheit und Patriotismus

Gerade in den industrialisierten Ländern bestehen zunehmende Schwierigkeiten der Bevölkerung, sich mit „ihrem“ Staat zu identifizieren. Trotz steigender Effizienz der Leistungsverwaltung wächst die Unzufriedenheit, weil die Ansprüche schneller zunehmen als die Möglichkeiten, sie zu erfüllen[46]. Der Staat wird als Dienstleistungsunternehmen verstanden, auf das man schimpft, wie früher auf das Dienstpersonal. Die Landtagswahlen, die 1978 in Hamburg und Niedersachsen stattfanden, sind ein Hinweis auf eine Protestwelle, unter denen die an der Regierung beteiligten Parteien zu leiden haben. Bürgerinitiativen, die sich gegen Atomkraftwerke, Kohlenkraftwerke, Flughäfen oder Autobahnen richten, und gefährliche Unruhen, die bei Demonstrationen gegen derartige Projekte hervorgerufen werden, stehen nicht im Einklang mit dem Bild des Deutschen, dem Ordnungsliebe und Begeisterung für den technischen Fortschritt nachgesagt werden. In gleicher Weise vergaßen die Japaner ihre sprichwörtlichen Eigenschaften, so daß es beinahe nicht gelungen wäre, den neuen Flughafen

[45] *Quaritsch* (s. o. N. 39), S. 46, zu den fortbestehenden Schwierigkeiten mit der Nationalhymne auch *Stern* (s. o. N. 41), S. 225.

[46] *Quaritsch* (s. o. N. 39), S. 56, der die „Revolution der steigenden Erwartungen“ anführt; zum gleichen Thema *La Roche*, Humberto J., América Latina y la revolución de las esperanzas en aumento, Maracaibo/Venezuela 1977.

der Hauptstadt in Betrieb zu nehmen. Die Bürgerinitiativen, die sich dem Umweltschutz verschrieben haben, sind in der Lage, bei Landtagswahlen den Parteien entscheidende Stimmenverluste beizubringen und nicht nur die Entscheidungen einzelner Verwaltungsbehörden, sondern auch Regierung und Parlament aufzuhalten oder zu behindern[47].

Das engmaschige Netz der sozialen Sicherung, das im Prinzip jede persönliche Notlage, wie Krankheit, Arbeitslosigkeit und Armut durch gesetzlich gesicherte Ansprüche auf Unterstützung auffängt, aber auch die *grundsätzliche Zustimmung* zu der bestehenden politischen Ordnung, die sich insbesondere in der regen Wahlbeteiligung äußert, steht in einem auffälligen Widerspruch zu den in vielen Bereichen festzustellenden Symptomen der *Staatsverdrossenheit*. Mit dem mangelndem Vertrauen zu den staatlichen Organen und zur Gesellschaft ist ein Mangel an Zukunftserwartungen verbunden, der sich gerade bei jungen Menschen häufig geradezu in Lebensüberdruß äußert[48]. Auf den engen Zusammenhang zwischen der allgemeinen Einschätzung der politischen Lage der Nation und der Gestaltung des persönlichen Lebensbereichs hat *Diderot* 1765 in seinem Enzyklopädie-Beitrag mit dem heute sehr aktuell gewordenen Wort aufmerksam gemacht, daß sich der Staat in einer beklagenswerten Lage befindet, wenn es sich irgendwann herausstellt, daß es unter den Menschen, die er regiert, einen gibt, der Angst hat, Kinder zu zeugen.

Die Bundesrepublik Deutschland hat gegenwärtig die niedrigste Geburtenrate der Welt. In einer Zeit, in der in vielen Teilen der Welt die Bevölkerungsexplosion als das schwierigste Entwicklungsproblem anzusehen ist, wurden lange Zeit die Gefahren übersehen, die einer entwickelten, hoch differenzierten Volkswirtschaft von einem Rückgang der Bevölkerungszahl drohen. In der politischen Diskussion scheint sich in dieser Frage allmählich ein Wandel anzubahnen[49].

Mexiko gehört zu den Ländern, deren Bevölkerungszuwachsrate zu den höchsten in der Welt gehört; es wird bis zum Jahre 2000 100 Millionen Einwohner haben. Kinderreichtum ist auch kein Privileg ein-

---

[47] Zum Problem der Bürgerinitiativen vgl. neuerdings *Zippelius*, Reinhold, Allgemeine Staatslehre, 6. Aufl., München 1978, S. 133 ff., aber auch S. 94 ff.

[48] Nach der Statistik der Weltgesundheitsorganisation (WHO) liegt die Bundesrepublik Deutschland mit der Zahl der Selbstmorde von Kindern und Jugendlichen an sechster Stelle hinter Polen, Ungarn, der CSSR, Chile und Taiwan. Nach Auffassung von Experten ist die Zahl der versuchten Selbstmorde wenigstens 20mal so hoch wie die Zahl der vollendeten Selbstmorde, dazu *Thomas*, Klaus, in der sozialmedizinischen Fachzeitschrift „Selecta" vom 19. Juni 1978, S. 2364.

[49] Aus jüngster Zeit ist der Beschluß der Ministerpräsidentenkonferenz vom 6. bis 8. Dezember 1978 in Düsseldorf anzuführen, in dem weiterführende Untersuchungen zur Veränderung des generativen Verhaltens und der Auswirkungen des Bevölkerungsrückgangs erbeten wurden.

facher Leute, sondern ein Ausdruck eines allgemeinen Lebensgefühls, das auch den Mittelstand und die Oberschicht charakterisiert. Für die Annahme, daß nach dem erwähnten Wort von *Diderot* jemand auf die Zeugung eines Kindes verzichtet, besteht kaum Anlaß. Sicherlich sind die politischen Verhältnisse, die durch die Vorherrschaft der „offiziellen Partei“ geprägt sind, auch Gegenstand kritischer Publikationen[50]. Sie können darauf verweisen, daß auch nach 60 Jahren sozialer Entwicklungspolitik, die in offiziellen Reden immer wieder beschworen wird, immer noch eine hohe Zahl von Mexikanern weder sozial noch wirtschaftlich in die moderne Gesellschaft integriert sind[51]. Das System der sozialen Sicherung, das vor allem vom *Instituto Mexicano de Seguro Social* getragen wird, weist zwar eindrucksvolle Ausbauerfolge auf, ist aber noch weit davon entfernt, auch den zahlreichen in Armut lebenden Teilen der Bevölkerung zugutezukommen, die noch niemals in einem geordneten Arbeitsverhältnis gestanden haben. Gleichwohl sind sich ausländische — vor allem amerikanische — Politikwissenschaftler mit ihren mexikanischen Kollegen weitgehend darüber einig, daß das bestehende politische System von einem nicht immer klar geäußerten *consenso real* getragen wird[52]. Die Sicherung seiner Legitimität beruht auf 14 Elementen, die der amerikanische Politikwissenschaftler *Frank Tannenbaum* in seinem Buch *„The Making of Modern Mexico“* 1964 mit folgenden Begriffen zusammenfaßte: Mexikanismus *(mexicanidad)* — Konstitutionalismus — Soziale Gerechtigkeit — Politischer Liberalismus — Rassische Toleranz — Religiöse Toleranz — Intellektuelle Freiheit und öffentliche Erziehung — Ökonomisches Wachstum — Ökonomische Integration aller Mexikaner — Öffentliches und privates Eigentum, private Initiative — Verteidigung der Rechte der werktätigen Bevölkerung — Finanzielle Stabilität — Anteil an der Führung in der Welt — Internationales Prestige[53].

Der Gedanke der *mexicanidad* ist durchaus in der Bevölkerung verwurzelt und nicht auf die wirtschaftlichen Zentren beschränkt. Der Durchschnittsmexikaner identifiziert sich mit seinem Staat. „Somos mexicanos“ (wir sind Mexikaner) erklärte mir stolz und ungefragt der kleine einheimische Junge 1964 in einem abgelegenen Indio-Dorf in Chiapas, das nur mit Hilfe einer Gruppe von Anthropologen zu finden

---

[50] Vgl. die Nachweise bei *Mols,* Manfred und *Tobler,* Hans-Werner, Mexiko — Die institutionalisierte Revolution, Köln/Wien 1976, S. 56 ff., bes. N. 17 (Mols).

[51] Nach offiziellen Unterlagen wurden 1975 nur 26,8 % der Bevölkerung als „economicamente activa“ angesehen, vgl. dazu *Horn,* Hans-Rudolf, Entwicklungslinien des sozialen Rechtsstaats in Mexiko, in: Vierteljahresschrift für Sozialrecht, 1976, 335 (347).

[52] *Wehner,* Friedrich, Der mexikanische Präsidialismus und die Verfassung, VRÜ 1977, 381 (388).

[53] Dazu eingehend *Mols,* bes. S. 56 ff. (s. o. N. 50).

war. Zu einem volkstümlichen Lied wie „*Viva México!*", das auch die Demokratie besingt, kann man sich schwerlich eine Parallele in unserem Land vorstellen[54]. Es wäre sicherlich nicht richtig, die positive Einstellung des Durchschnittsmexikaners zu seinem Staat allein auf eine geschickte Politik der Selbstdarstellung zurückzuführen ist, zu der bemerkenswerterweise auch der *constitucionalismo*, die ständige Betonung der Verfassungsmäßigkeit, gehört. Kein Zweifel ist darüber möglich, daß eine bewußte Förderung des Patriotismus, die einen übersteigerten Nationalismus vermied, entscheidend dazu beigetragen hat, daß auch rassische Schranken kaum eine Rolle spielen. Die Liebe zum Vaterland gehört zu den wichtigsten Erziehungszielen, die in Art. 3 der Mexikanischen Verfassung angeführt sind; eine ebenso wichtige Rolle spielt das Bekenntnis zur Demokratie „nicht nur als rechtlicher Struktur oder als einem politischen System, sondern als System des Lebens, gegründet auf die wirtschaftliche, soziale und kulturelle Verbesserung des Volkes"[55].

3.6 Grundkonsens und Grundwerte der Verfassung

3.6.1 Volkssouveränität und Verfassungsgerichtsbarkeit

Als einzige mögliche Grundlage zur Legitimation der verfassungsmäßigen Exekutivgewalt hatten wir das Prinzip der Volkssouveränität herausgestellt, das sich im repräsentativen System verwirklicht. Eine Überbetonung des Gedankens der Repräsentation, der unbestreitbar Voraussetzung für das Funktionieren eines jeden politischen Systems ist, führt allzu oft dazu, daß von dem souveränen Volk nicht viel übrig bleibt; es ist sogar davon die Rede, es gehöre „zum verfassungsrechtlichen Denken, das Prinzip der Volkssouveränität möglichst aus dem Bewußtsein zu verdrängen". Der Volkssouverän wird — wie *Quaritsch* sagt — wie ein mythischer Gesetzgeber behandelt, der sein Werk damit krönt, daß er auf Nimmerwiedersehen verschwindet[56]. Auch wenn die anderen Verfassungen nicht, wie es das Grundgesetz in Art. 146 tut, ausdrücklich bestimmen, daß sie außer Kraft treten, wenn das Staatsvolk in freier Entscheidung eine neue Verfassung beschließt, kann es bei Beachtung des demokratischen Prinzips nicht in Abrede gestellt

---

[54] In dem Ranchero-Lied von *Pedro Galindo* heißt es beispielsweise „Viva la democracia y también la libertad!".

[55] Vgl. dazu *Burgoa*, Ignacio, Las garantías individuales, México 1978, S. 466 ff.; zur Geschichte des Art. 3, der übrigens von 1934 bis 1946 eine „educación socialista" vorschrieb, S. 455 ff.

[56] *Quaritsch*, Helmut, Der fortschreitende Verfassungsstaat, Der Staat, 1978, 421 (427), zu *Kriele*, Martin, Einführung in die Staatslehre, Reinbek 1975 (das Zitat befindet sich S. 288).

werden, daß die Staatsgewalt immer nur treuhänderisch den verfassungsmäßigen Organen übertragen wird, zu denen auch das Staatsvolk gehört, wenn es seine Auffassung in Wahlen und Abstimmungen äußert. Die Ausübung von Souveränitätsrechten kann sich aber nicht im Gang zur Wahlurne erschöpfen. Die grundsätzliche Zustimmung des Volkes, die wir bereits unter verschiedenen Gesichtspunkten erörtert haben, bleibt Grundlage jedes politischen Systems. Auch ein autoritäres Regime kann nicht völlig am Willen des Volkes vorbeiregieren. Regierungen, die durch einen Militärputsch an die Macht gekommen sind, suchen sich der Akklamation des Volkes zu versichern, die in Entwicklungsländern insbesondere darin gefunden wird, daß die Gemeinsamkeit bei der Ablehnung der Überbleibsel oder Neuauflagen des Kolonialismus in den Vordergrund gestellt wird[57]. Der Erfolg einer Militärregierung hängt davon ab, ob es gelingt, die Versprechungen wahr zu machen, die Gegenstand des *pronunciamiento* war, jener feierlichen Erklärung bei einem Staatsstreich, die so sehr zu diesem gehört, daß beide Ausdrücke synonym gebraucht werden. Die Effizienz staatlichen Handelns ist somit in besonderem Maße Voraussetzung für politische Legitimität und wirtschaftliche Stabilität.

Die Überzeugung des Bürgers, daß der Staat in der Lage ist, die Probleme der Zukunftsbewältigung zu lösen, hängt mit der bereits behandelten Frage der Selbstdarstellung des Staates zusammen; sie gilt in besonderem Maße für demokratisch legitimierte Regierungen. Auf der anderen Seite kann sich staatliches Handeln auch nicht von gerade vorherrschenden Strömungen, Gefühlen und Einstellungen der Bevölkerung abhängig machen, wenn die verfassungsmäßige Ordnung dadurch gefährdet werden sollte. Demokratie darf sich nicht in Demoskopie erschöpfen. Jede Verfassung enthält einen Kern wesentlicher Normen, die auch der Änderung unter bestimmten erschwerten Bedingungen entzogen sind. Im Bonner Grundgesetz verbietet Art. 79 Abs. 3 ausdrücklich jede Änderung, durch welche die Gliederung des Bundes in Länder, die grundsätzliche Mitwirkung der Länder bei der Gesetzgebung oder die Grundrechte berührt werden. Diese Vorschriften beruhen auf einem unveränderlichen Grundkonsens, von dem der Verfassungsgeber ausgeht.

Der Unterschied zwischen der allgemeinen Zustimmung der Bevölkerung und dem *Grundkonsens des Volkssouveräns* läßt sich durch ein Beispiel aus der jüngsten Geschichte belegen, das auch für den parlamentarischen Rat maßgebend war. Auf diesen Vorgang aus der jüngsten deutschen Geschichte bezieht sich auch *Jorge Carpizo* in seinem Buch *La Constitución Mexicana de 1917*. *Adolf Hitler* errang in den

[57] *Krüger*, Herbert, Militärregime in Übersee, Beiheft 8 zu „Verfassung und Recht in Übersee, Hamburg 1976, S. 46 ff. (auch zum folgenden).

ersten Jahren seiner Herrschaft, aber auch noch 1938 nach dem „Anschluß“ Österreichs, große Mehrheiten in den von ihm veranstalteten Plebisziten. Trotz unbestreitbarer Manipulationen und eines unleugbaren Drucks wird man sagen müssen, daß die dabei erzielten überwältigenden Mehrheiten weitgehend dem Rückhalt entsprachen, den das Regime im Volk gefunden hatte (freilich muß man hinzufügen, daß Hitler in freien demokratischen Wahlen niemals die Mehrheiten erlangte, welche die großen demokratischen Parteien in der Bundesrepublik Deutschland auf sich vereinigen konnten). Das Prinzip der Volkssouveränität kann nicht auf das Vorhandensein einer gerade bestehenden Mehrheit der Bevölkerung zurückgeführt werden, die durchaus zufälligen Charakter haben kann. Die Demokratie setzt vielmehr inhaltliche Ideen voraus, die auf die *justicia* abzielen, wie *Carpizo* sagt[58].

Das Wort *justicia* ist hier in dem doppelten Sinne zu gebrauchen, das es in der spanischen Sprache hat. In erster Linie umfaßt *justicia* ein System von objektiven Werten, die in der Verfassung verankert sind, wie die Menschenwürde, die Persönlichkeitsfreiheit und die soziale Gerechtigkeit, die in Mexiko in Art. 27 und 123 der Verfassung in ausführlichen Regelungen zur Bodenreform und zur sozialen Sicherung der Arbeitnehmer konkretisiert wird. *Justicia* bezieht sich aber auch auf die richterliche Gewalt, die Justiz, die berufen ist, die Grundwerte der Verfassung zu verteidigen[59].

Die Verfassungsgerichtsbarkeit war noch nie unbestritten. Die Kritik richtet sich sowohl gegen angebliche Fälle praktischen Versagens vor den entscheidenden Problemen der Zeit als auch gegen befürchtete oder tatsächliche Eingriffe in die Bereiche von Regierung und Parlament. Auch in der Bundesrepublik Deutschland ist nach einem Vierteljahrhundert die grundsätzliche Kritik am Bundesverfassungsgericht noch nicht verstummt; dabei sollen die tagespolitisch bedingten Angriffe außer Betracht bleiben. Es wird die Behauptung erhoben, daß die Legitimation der Verfassungsgerichtsbarkeit von wesentlichen Teilen der Gesellschaft bestritten werde[60]. Immerhin wird auch in den

---

[58] S. 342. Zur wertgebundenen Demokratie vgl. *Herzog*, in: Maunz / Dürig / Herzog / Scholz, Rdnr. 28 zu Art. 20 GG (1978).

[59] *Fix Zamudio*, Héctor, JöR NF Bd. 25 (1976), 650 ff., 652 ff., *ders.*, Veinticinco años (s. o. N. 1), S. 12 ff.

[60] *Rasehorn*, Theo, Von der Ohnmacht der Rechtspflege und der Macht der Juristen, ZRP 1978, 1 ff. (3) unter Bezugnahme auf das von *Tohidipur* herausgegebene Sammelwerk Verfassung, Verfassungsgerichtsbarkeit und Politik, 1976, mit Beiträgen von *Seifert* (S. 116), *Rasehorn* (S. 136), *Denninger* (S. 163) und *Troje* (S. 225), vgl. auch *Zuck*, Rüdiger, Das Bundesverfassungsgericht als Dritte Kammer, ZRP 1978, 189 ff.; die demokratische Legitimation wird dem Bundesverfassungsgericht (S. 193) ausdrücklich in dem behandelten Fall abgesprochen.

Veröffentlichungen, die in jüngster Zeit die Berechtigung der Verfassungsgerichtsbarkeit überhaupt in Zweifel ziehen, durchaus eingeräumt, daß das Bundesverfassungsgericht sofort „von der Öffentlichkeit voll akzeptiert“ und von *René Marcic* „als die Mitte des Gegenwartsstaates“ gefeiert wurde[61]. Das Volk als Inhaber der Souveränität besteht real fort und hat sich durch die Schaffung einer Verfassung nicht seiner Souveränität begeben. Das Parlament oder auch der unmittelbar gewählte Staatspräsident erhielten durch ihre Wahl nicht eine Generalvollmacht, sondern nur einen begrenzten Auftrag. Das Gericht, das über Verfassungsfragen verbindlich entscheidet, ist als ein vom Souverän eingesetztes Organ von Spezialisten anzusehen, das die Tätigkeit der übrigen Staatsorgane auf die Innehaltung der durch das Grundgesetz bestimmten Grenzen kontrolliert, wie es auch der amerikanische *Supreme Court* in seiner berühmten Entscheidung *Marbury v. Madison* hervorgehoben hat[62]. Weder Verfassung noch Verfassungsgerichtsbarkeit sind Selbstzwecke: sie können mit *Marcic* als „Garanten der Volkssouveränität gegen die Oligarchie der Volksvertreter und gegen die Bürokratie“ angesehen werden, die „im Dienste des Menschen, des freien, mündigen Menschen“ stehen[63]. Soweit politische Konflikte im Rahmen der verfassungsmäßigen Ordnung in Rechtskonflikte umgesetzt werden, kanalisiert die Verfassungsgerichtsbarkeit Auseinandersetzungen; man hat deshalb von einem *„Prozeß der Rationalisierung der Macht“* gesprochen[64].

3.6.2 Ausbreitung der Verfassungsgerichtsbarkeit

Héctor Fix Zamudio, der in seinem Werk *„Veinticinco años de evolución de justicia constitucional* 1940 - 1965“ ein Panorama über die Entwicklung der Verfassungsgerichtsbarkeit in der Welt dargeboten hat, bezeichnete diese als das notwendige Instrument, um die Werte der Verfassung nicht nur zu bewahren, sondern auch weiterzuentwickeln und sie den stets wandelbaren und unvorhersehbaren Bedin-

---

61 *Rasehorn*, ZRP 1978, 3 unter Bezugnahme auf *Marcic*, Verfassung und Verfassungsgericht, 1963, S. 207.

62 *Quaritsch* (s. o. N. 56), S. 428; die soziale Funktion der Verfassungsgerichtsbarkeit betont neuerdings vor allem *Arnim*, Hans-Herbert, Gemeinwohl und Gruppeninteressen, Frankfurt 1977.

63 *Marcic* (s. o. N. 13), S. 256.

64 *Mirkin-Getzewitsch*, Boris (Schreibweise bei Veröffentlichungen auf Französisch: Mirkine Guetzewitch), Les nouvelles tendences du droit constitutionnel, Paris 1931 (zitiert von *Fix-Zamudio*, Veinticinco años [s. o. N. 1] S. 11), *ders.*, Die Rationalisierung der Macht im neuen Verfassungsrecht, in: (österreichische) Zeitschrift für öffentliches Recht, 1929, 161 ff. (179), dazu *Motz*, Michael und *Pernthaler*, Peter, Der Bundesstaat als staatsrechtliches Instrument der politischen Konfliktregelung am Beispiel der Österreichischen Bundesverfassung, in: Esterbauer, Fried, u. a. (Hrsg.), Föderalismus als Mittel permanenter Konfliktregelung, Wien 1977, 11 ff., 18.

gungen des Lebens anzupassen[65]. Die Richtigkeit der Annahme, daß sich der Gedanke der Verfassungsgerichtsbarkeit in allen rechtsstaatlichen Systemen immer mehr ausbreitet, wird insbesondere durch die *Spanische Verfassung* bestätigt, die nunmehr am 6. Dezember 1978 in einer Volksabstimmung gebilligt wurde.

Bei der Ausarbeitung der Verfassung des demokratischen Spanien haben offenbar sowohl das mexikanische Amparo-Verfahren als auch das deutsche System der Verfassungsgerichtsbarkeit als Vorbild gedient. In einem besonderen Titel IX werden in den Art. 159 bis 165 die Rechte und Pflichten eines besonderen Verfassungsgerichts *(Tribunal Constitucional)* geregelt. Seine Sonderstellung wird dadurch unterstrichen, daß es nicht im Titel VI zusammen mit den übrigen Gerichten angeführt wird; dort wird in Art. 123 ein *Tribunal Supremo* vorgesehen, das für alle Rechtsgebiete mit Ausnahme der *garantías constitucionales,* über die das Verfassungsgericht entscheidet, zuständig ist. Dieses entscheidet über

a) den *recurso de inconstitucionalidad* gegen Gesetze und gesetzesgleiche Rechtsvorschriften,
b) über den *recurso de amparo* wegen Verletzung von Grundrechten und Grundfreiheiten,
c) über Konflikte zwischen dem Gesamtstaat *(Estado)* und den *„Comunidades Autónomas"*, wie die Provinzen genannt werden, die zwar weitergehende Selbstverwaltungsrechte erhalten haben, denen aber noch keine Staatsqualität zuerkannt wurde und
d) über sonstige Fragen, welche die Verfassung oder das Gesetz bestimmt (Art. 161).

Die Verfassungsbeschwerde gegen Gesetze kann nur von der Regierung, dem *Defensor del Pueblo,* 50 Abgeordneten, 50 Senatoren und von den kollegialen Exekutivorganen oder Parlamenten der Provinzen erhoben werden (Art. 162 Buchst. a). Der *recurso de amparo* kann von jeder natürlichen oder juristischen Person, die sich auf ein berechtigtes Interesse beruft, und von dem *Defensor del Pueblo* und dem *Ministerio Fiscal* ausgehen (Art. 162 Buchst. b). Eine Parallele zum mexikanischen Amparo-Verfahren besteht nicht nur in der Wortwahl. Das *Ministerio Fiscal* und der *Fiscal General del Estado* haben weitgehend ähnliche Befugnisse wie das mexikanische *Ministerio Público* und der *Procurador General de la República* (Art. 124, vgl. Art. 102 und 107 Nr. XV der Mexikanischen Verfassung).

Die Bedeutung des *recurso de amparo* wird vor allem auch dadurch beleuchtet, daß er zugleich in Titel I, Kapitel IV verankert ist, das die

---

[65] *Fix-Zamudio,* JöR NF Bd. 25 (1976), 684; *ders.,* Veinticinco años (s. o. N. 1), S. 150.

Überschrift trägt *„De las garantías de las libertades y derechos fundamentales"* (Art. 53 Abs. 2 der Spanischen Verfassung). Im gleichen Kapitel befindet sich auch die Verfassungsbestimmung über den schon erwähnten *Defensor del Pueblo,* der als Beauftragter beider Häuser des Parlaments zur Verteidigung der Grundrechte berufen ist und zugleich die Aufgaben eines Ombudsmannes hat, der die Interessen der Bürger gegenüber den Verwaltungsbehörden vertritt (Art. 54). Ähnlich wie in Art. 100 GG sind auch in Spanien die Gerichte nunmehr verpflichtet, die Frage dem Verfassungsgericht vorzulegen, wenn sie im Laufe eines Rechtsstreits zu der Auffassung gelangen, daß ein Gesetz, das auf den Fall anwendbar ist, der Verfassung widersprechen kann (Art. 163). Soweit Urteile des Verfassungsgerichts ein Gesetz für verfassungswidrig erklären und sich nicht nur auf die Beurteilung eines subjektiven Rechts beschränken, haben sie volle Wirkung gegenüber jedermann (Art. 164).

Auch in der *Schweiz* ließ sich die Mehrheit der Expertenkommission, die mit der Vorbereitung einer Totalrevision der Schweizerischen Bundesverfassung befaßt war, von den Vorteilen einer Verfassungsgerichtsbarkeit überzeugen, während eine Minderheit die bekannten Argumente gegen eine Stärkung der Dritten Gewalt wiederholte. Für eine Verfassungsgerichtsbarkeit wurden folgende Gründe angeführt:

— Das Rechtssetzungsverfahren, das auf die Schaffung genereller Normengerechtigkeit ausgerichtet ist, kann nicht genügend den Schutz von Individualrechten berücksichtigen.

— Die Verfassung darf nicht durch niederstufiges Recht verletzt werden.

— Da Regierung und Parlament politische Gewalten sind, besteht gerade heute ein besonderes Bedürfnis nach einem zusätzlichen Integrationsfaktor, der außerhalb des eigentlichen Machtprozesses liegt.

— Es entspricht auch bereits der Rechtswirklichkeit in der Schweiz, daß kantonales Recht auf die Bundesrechtmäßigkeit hin überprüft und gegebenenfalls für ungültig erklärt wird.

— Die Demokratie umfaßt nicht nur das Prinzip der Mehrheit, sondern auch den Gedanken des Rechtsstaates[66].

Der Verfassungsentwurf sieht insbesondere auch eine *Verfassungsbeschwerde wegen Verletzung von verfassungsfäßigen Rechten,* namentlich von Grundrechten und politischen Rechten, vor. Bundesgesetze können aber nicht unmittelbar, sondern nur — vergleichbar Art. 100

[66] Bericht der Experten-Kommission für die Vorbereitung einer Totalrevision der Bundesverfassung, Bern 1977, S. 177 ff.

des Bonner Grundgesetzes — im Laufe eines anderweitigen Gerichtsverfahrens auf ihre Verfassungsmäßigkeit überprüft werden.

3.6.3 Grundkonsens und Volonté Général

Der Begriff Grundkonsens spielt in der Rechtsprechung des Bundesverfassungsgerichts eine entscheidende Rolle, um die Grundwerte zu beschreiben, über dessen Notwendigkeit Einmütigkeit im Volke besteht[67]. Diese Wertordnung kann niemals in einem starren System bestehen, aus dem sich die Lösungen schwieriger Probleme mit mathematischer Genauigkeit ableiten ließen. Denn der grundlegende Wert ist die Freiheit; die modernen Gesellschaften werden durch verschiedenartige und sich widersprechende Meinungen charakterisiert. Von daher ist das Prinzip des Pluralismus ein entscheidender Ausgangspunkt der Rechtsordnung.

Der Begriff des Grundkonsenses umfaßt Vorstellungen, die besonders in der Lehre *Rousseaus* über den *volonté général* zum Ausdruck kamen, auch wenn man selbstverständlich nicht beide Begriffe gleichsetzen kann. Ein ehrendes Gedenken *Jean Jacque Rousseau* zu widmen, erscheint nicht nur als historischen Gründen angezeigt, weil sein Todestag gerade 200 Jahre zurückliegt, sondern in erster Linie deshalb, weil seine wegweisenden Ideen auch noch in der Gegenwart Gültigkeit haben, besonders wenn man einige moderne Interpretationen seines Werkes berücksichtigt. Es ist sicher kein Zufall, daß gerade in jüngster Zeit viele Publikationen und wissenschaftliche Veranstaltungen bei der Behandlung wichtiger Gegenwartsfragen auf ihn Bezug nehmen[68].

Lange Zeit stand für die Verfassungslehre ein Werk *Rousseaus* allzu ausschließlich im Vordergrund, das der Autor selbst nicht zu seinen wichtigsten Büchern rechnete. Eine weitere Akzentverschiebung trat dadurch ein, daß dieses Werk, das seit der französischen Revolution sein staatstheoretisches Hauptwerk war, in der Regel nur verkürzt „*Contrat social*" genannt wird, während in Wirklichkeit der zweite Teil des vollständigen Titels *Du Contrat social ou principes du droit politique* den Inhalt besser bezeichnet[69]. *Rousseau* wollte weder den *Contrat social* als historischen Vorgang beschreiben noch eine Schilderung der konkreten Gestaltung der Staaten vermitteln. Der allgemeine

---

[67] BVerfGE 44, 125 (146), dazu s. o. 3.5.1.

[68] Vgl. beispielsweise in: Hennis, Wilhelm u. a. (Hrsg.), Regierbarkeit, Studien zu ihrer Problematisierung, Stuttgart 1977, die Beiträge von *Schieder* (S. 32 ff.) und *Johnson* (S. 51 ff.), ferner *Weber*, Karl, Föderalismus als Instrument demokratischer Konfliktregelung, in: Esterbauer (Hrsg. s. o. N. 64), S. 51 ff., 52 und die Hinweise in den folgenden Anmerkungen.

[69] *Maste*, Ernst, Rousseau — Kulturphilosoph und Staatsdenker, in: aus politik und zeitgeschichte, beilage zur wochenzeitung das parlament, B 26/78 vom 1. Juli 1978, S. 31 ff., 34.

Wille oder Gemeinwille, wie man *volonté général* zu übersetzen haben wird, ist eine ständige Grundlage menschlichen Zusammenlebens, die gleichzeitig die persönliche Freiheit und ihren Schutz durch eine politische Ordnung gewährleistet; denn die Freiheit kann nicht isoliert von den übrigen Bürgern gedacht werden. Der Bürger übt eine Doppelrolle aus: er nimmt an der obersten Gewalt, der Souveränität, selbst teil und ist doch gleichzeitig den Gesetzen unterworfen. Der allgemeine Wille unterscheidet sich wesentlich von dem Willen aller *(volonté de tous)* oder dem Willen der Mehrheit, der sich von dem Allgemeinwohl entfernen kann, auf das der allgemeine Wille gerichtet ist. Die Republik gedeiht, wie *Rousseau* hervorhebt, nur in dem Maße, in dem der allgemeine Wille, wie er ihn versteht, gegenüber den divergierenden Meinungen und Interessen durchgesetzt werden kann[70].

Die moderne Interpretation *Rousseaus* stützt sich in stärkerem Maße auf seine übrigen Veröffentlichungen. In seinem berühmten Beitrag zur Enzyklopädie legt er die Verpflichtungen des Bürgers dar, bei dem an die Stelle des unwiderbringlich verloren gegangenen natürlichen Instinkts die Gerechtigkeit als Tugend der staatsbürgerlichen Gesinnung tritt. In seinen *Lettres écrites de la Montagne*, die er 1764, also zwei Jahre nach seinem *Contrat social* veröffentlichte, gibt er, wie man gesagt hat, seiner Lehre „eine solche Elastizität der Begriffe und der Argumente, daß sozusagen der ganze Montesquieu einschließlich der Gewaltenteilung, der Zwischeninstanzen und selbst das Repräsentativsystem in ihr Platz finden kann“[71]. Die besagte Elastizität der rousseauschen Begriffsbildung erklärt auch die erstaunlichen Divergenzen bei der Interpretation seines Denkens. Wegen des verbindlichen Charakters des von ihm entwickelten politischen Systems hat man es vom Standpunkt eines einseitigen und übersteigerten Individualismus aus verworfen: *Bertrand Russel* behauptete schlicht, daß Hitler eine Folgeerscheinung von Rousseau war[72].

Derartige Unterstellungen sind ebenso abwegig wie die entgegengesetzten Darstellungen, die Rousseau eine Theorie der unbegrenzten Freiheit zuschreiben. Der schweizerische Verfassungsrechtler *Max Imboden* hat die Forderung Rousseaus hervorgehoben, daß die Menschen „aus den Grenzen ihres partikularen Bewußtseins heraustreten und in das Wissen und die Verantwortung eines gehobeneren Daseins, in den Zustand des Bürgers und zugleich in die wahre Teilhabe in der

70 *Maste* (s. o.), S. 35.

71 *Reibstein*, Ernst, Volkssouveränität und Freiheitsrechte, Bd. 2, Freiburg/München 1972, S. 203.

72 *Russel*, Bertrand, Philosophie des Abendlandes, Frankfurt (Main) 1950, S. 567, vgl. auch *Talmon*, Die Ursprünge der totalitären Demokratie, Köln und Opladen 1961.

Gemeinschaft hineinwachsen"[73]. Rousseau begnügte sich nicht mit einer bloßen Beschreibung von Tatsachen, sondern wollte untersuchen, ob es in der bürgerlichen Lebensordnung irgend ein Prinzip einer legitimen und unbestreitbaren Regierungsform gibt[74].

Legitimation und Grenzen einer obersten Leitungsgewalt in einer verfassungsmäßigen Ordnung können nur auf einen Grundkonsens oder einen allgemeinen Willen zurückgeführt werden, der auf dem dialektischen Zusammenwirken verschiedenartiger Prinzipien beruht. Keines der in Art. 20 des Bonner Grundgesetzes verankerten vier Grundelemente kann als Axiom im Sinne einer deduktiv-systematischen Denkweise verabsolutiert werden. Rechtsstaat, Sozialstaat, Bundesstaat und Demokratie unterstehen alle vier gleichberechtigt dem Prinzip des Verfassungsstaates selbst[75]. Bei der Verwirklichung des Rechts steht nicht die mathematisch-naturwissenschaftliche Logik, die *lógica de lo racional,* im Vordergrund, die im Bereich aller Wissenschaftszweige, die sich auf das soziale Leben beziehen, nicht ausreicht. Mit dieser Feststellung ist aber nicht die Forderung nach einer intuitiven, emotionalen oder irrationalen Betrachtungsweise verbunden. Vielmehr handelt es sich um eine Form des diskursiven Denkens, für die sich noch kein allgemein anerkannter gemeinsamer Begriff durchgesetzt hat. *Recaséns Siches* prägte die Bezeichnung „lógica de lo razonable" („Logik des Vernünftigen") oder „lógica de lo humano"[76].

---

[73] *Imboden,* Max, Rousseau und die Demokratie, Tübingen 1963, S. 24 ff.

[74] *Zippelius,* Reinhold, in: Evangelisches Staatslexikon, 2. Aufl., Stuttgart/Berlin 1975, „Freiheit", Sp. 746.

[75] *Buchheim,* Hans, Das Grundgesetz und das Konzept des modernen Verfassungsstaates, Mainz 1977, S. 19.

[76] *Recaséns Siches,* Luis, Panorama del pensamiento jurídico en el siglo XX, México 1963, Bd. 1, bes. S. 499 ff., 512 ff., *ders.,* Experiencia jurídica, naturaleza de la cosa y Lógica „razonable", México 1971, bes. S. 510 ff., vgl. dazu *Horn,* Hans-Rudolf, Über Luis Recasens' Siches' Panorama des Rechtsdenkens des 20. Jahrhundert, ARSP LI (1965), S. 57, *ders.,* „Die Logik des Humanen", ARSP LXIV (1978), S. 443, *ders.,* Individualisierte Normen in Rechtsprechung und Verwaltung, in: Perelman, Ch. (Hrsg.), Études de Logique Juridique, Bd. VI, Brüssel 1976, S. 79 ff., bes. S. 89 ff., *ders.,* Die Natur der Sache als juristischer Argumentationstopos im situativen Bezug, in: Rechtstheorie 1977, 165, anknüpfend an *ders.,* Untersuchungen zur Struktur der Rechtswidrigkeit, Schriften zur Rechtstheorie, Heft 1, Berlin 1962.

Die „Lógica de lo razonable" enthält wesentliche Elemente der Topiklehre *Viehwegs* und der „Nouvelle Rhétorique" oder „Logique Juridique" *Perelmans* (*Recaséns,* Experiencia Jurídica, S. 510); zur Topik, vgl. *Viehweg,* Theodor, Topik und Jurisprudenz, 5. Aufl., München 1974 (1. Aufl. 1953) und neuerdings Schritte zu einer rhetorischen Rechtstheorie, in Festschrift für Thomas Würtenberger, Berlin 1977, S. 3, und Rhetorik, Sprachpragmatik, in: Festschrift für Helmut Schelsky, Berlin 1978, S. 717. Vgl. dazu, insbesondere zum Problem des situativen Bezugs in einer rhetorischen Rechtstheorie, *Schreckenberger,* Waldemar, Rhetorische Semiotik, Analyse von Texten des Grundgesetzes und von rhetorischen Grundstrukturen der Argumentation des Bundesverfassungsgerichts, Freiburg i. Br. 1978.

Auf die „Logik des Humanen" — gebraucht in einem umfassenden Sinne — ist auch der Grundkonsens als die Legitimationsgrundlage der verfassungsmäßigen Ordnung zu stützen.

Viele Einwendungen gegen eine verbindliche Ausgestaltung der Verfassungsgerichtsbarkeit sind noch auf die überholte Auffassung zurückzuführen, von dem Verfassungsrichter werde verlangt, allein durch einen schlichten Syllogismus, bei dem die Verfassungsbestimmung der Obersatz und der Rechtsfall der Untersatz sind, zur Lösung verwickelter politischer Probleme zu gelangen. Dagegen ist das Plädoyer des italienischen Rechtsgelehrten *Mauro Cappelletti* für die Verfassungsgerichtsbarkeit gerade deshalb so überzeugend, weil es auch den unbestreitbaren Bedenken gegen Entscheidungen von Verfassungsgerichten Rechnung trägt, die in der Bundesrepublik Deutschland gegenwärtig in besonderem Maße die wissenschaftliche und die politische Diskussion beherrschen. *Cappelletti* sagte 1965 in Mexiko:

> „Der menschliche Geist hat in der Verfassungsgerichtsbarkeit das vollkommenste Werkzeug der ‚Relativierung', der ‚Positivierung' des Absoluten entdeckt. Aber letzten Endes ist es als menschliches Werkzeug wie alle vom Menschen geschaffenen Werkzeuge dem Wandel, den Irrtümern und Unvollkommenheiten unterworfen. Mit Hilfe dieser Einrichtungen vertraut man unparteiischen Richtern die Humanisierung des Absoluten und die Konkretisierung der obersten Werte an, die kalt und statisch nicht zu verwirklichen wären, wenn man sie verschlossen und kristallisiert in den Normen der Verfassung beließe. Darum können wir in dem

---

Von *Perelman*, Chaim, sind insbesondere anzuführen Traité de l'Argumentation, La Nouvelle Rhétorique, 1958, und aus neuerer Zeit Logique Juridique, Nouvelle rhétorique, Paris 1976, dazu *Esser*, Josef, Zum Stand der Argumentationstheorie im Brüsseler „Centre National de Recherche de Logique", ARSP LXIV (1978), S. 437, und *Manelli*, Mieczylaw, The New Theory of Argumentation and American Jurisprudence, in: Perelman (Hrsg.), Études de Logique Juridique, Bd. VII, Brüssel 1978, S. 19.

Zum Problem von Rationalität und Autorität in der juristischen Argumentation vgl. *Horn*, Norbert, in: Rechtstheorie 1975, S. 145. Auf die Beiträge von *Recaséns Siches* zur Diskussion über das Verhältnis von Freiheit und Gleichheit beim Weltkongreß der Internationalen Vereinigung für Rechts- und Sozialphilosophie 1975 in Saint Louis (USA) macht *Achterberg*, Norbert, Gegenwärtige Probleme der Staatslehre, DÖV 1978, 668 (678, N. 62) aufmerksam. Vgl. ferner *Recaséns Siches*, The Material Logic of the Law. A New Philosophy of Juridical Interpretation, in: Beiheft 4 NF zu ASRP, 1965, und *Stone*, Julius, Legal System and Lawyers' Reasoning, London 1964, speziell zu den Antinomien verfassungsgestaltender Grundentscheidungen vgl. *Achterberg*, in: Der Staat 1969, 159 ff. Zur Bedeutung einer konsensfähigen Legitimation im Recht unter ausdrücklicher Bezugnahme auf *Recaséns Siches* (bes. in: Hubien — Hrsg. — Le Raisonnement Juridique, Brüssel 1971, S. 130), vgl. *Zippelius*, Reinhold, Rechtsphilosophische Aspekte der Rechtsfindung, JZ 1976, 150; zum gleichen Problem *ders.*, Das Wesen des Rechts, 4. Aufl. 1978, Kapitel 14, 23 a und 34, *ders.*, Auslegung als argumentativer Auswahlprozeß, in: Festschrift für Maximilian Nüchterlein, 1978, S. 345 ff., 357; *ders.*, Allgemeine Staatslehre, 6. Aufl., München 1978, S. 8 ff. Allgemein zum Problem der Auswahl geeigneter Auslegungskriterien vgl. *Engisch*, Karl, Einführung in das juristische Denken, 7. Aufl. 1977, bes. S. 82 f., 129 f., 145 ff., 193 ff.

Sinne schließen, daß die Verfassungsgerichtsbarkeit das Leben, die Wirklichkeit und die Zukunft der Verfassungsurkunden unserer Epoche darstellt[77]."

[77] *Mauro Cappelletti* in seiner Vorlesung im Februar 1965 an der Rechtsfakultät der Autonomen Nationaluniversität Mexiko, wiedergegeben bei *Fix Zamudio*, Héctor, Verfassungskontrolle in Lateinamerika, JöR NF Bd. 25 (1976), 649 ff., 693, *ders.*, Veinticinco años (s. o. N. 1), S. 163, zum italienischen Verfassungsgerichtshof und den Arbeiten Cappellettis, S. 68 ff.

Schrifttumsverzeichnis

Achterberg, Norbert: Antinomien verfassungsgestaltender Grundentscheidungen, Der Staat 1969, 159.

— Probleme der Funktionenlehre, München 1970.

— Bundesverfassungsgericht und Zurückhaltungsgebote — Judicial, political, processual, theoretical self-restraints — DÖV 1977, 649.

— Die gegenwärtigen Probleme der Staatslehre, DÖV 1978, 668.

Almond, G. A. und S. *Verba:* The Civic Culture, Princeton NJ. 1963.

— und G. B. *Powell:* Comparative Politics: a developmental approach, Boston 1966.

Arnáiz Amigo, Aurora: Instituciones Constitucionales Mexicanas, UNAM, México 1975.

Arnim, Hans Herbert von: Gemeinwohl und Gruppeninteressen. Die Durchsetzungsschwäche allgemeiner Interessen in der pluralistischen Demokratie. Ein Beitrag zu verfassungsrechtlichen Grundfragen der Wirtschaftsordnung, Frankfurt am Main 1977.

Bachof, Otto: Der Richter als Gesetzgeber? in: Festschrift zum 500jährigen Bestehen der Tübinger Juristenfakultät, Tübingen 1977.

Bagehot, Walter: The English Constitution, London 1963 (Erstauflage 1867 — deutsch: Die englische Verfassung, Neuwied 1971).

Barquín Álvarez, Manuel: La desaparición de poderes en las entidades federativas, in: Anuario Jurídico 2 — 1975, UNAM México 1977.

— Las funciones de control del senado en relación con la preeminencia del Ejecutivo, in: Carpizo, Jorge (Hrsg.), El predominio del poder ejecutivo en Latinoamérica, UNAM, México 1977.

— Algunos factores de centralización y descentralización del federalismo mexicano, in: Fix-Zamudio, Héctor (Hrsg.). Evolución político-constitucional en América Latina, Bd. I, UNAM, México 1978.

Beyme, Klaus von: Möglichkeiten und Grenzen der vergleichenden Regierungslehre, in: Politische Vierteljahresschrift 1966, 63.

— Die Funktionen des Bundesrates — Ein Vergleich mit Zweikammersystemen im Ausland, in: Der Bundesrat als Verfassungsorgan und politische Kraft, Bad Honnef/Darmstadt 1974, S. 365.

Bothe, Michael: Die Kompetenzstruktur des modernen Bundesstaates in rechtsvergleichender Sicht, Beiträge zum ausländischen öffentlichen Recht und Völkerrecht, Bd. 69, Berlin/Heidelberg/New York 1977.

Brunner, Georg: Kontrolle in Deutschland, Köln 1972.

Burdeau, Georges: Einführung in die politische Wissenschaft, Neuwied und Berlin 1964 (französischer Originaltitel: Méthode de la Science Politique, Paris 1959).

Burgoa, Ignacio: El juicio de amparo, 9. Auflage, México 1974 (1. Aufl. 1943).

— Derecho constitucional mexicano, 2. Aufl., México 1976.

— Las garantías individuales, México 1978.

Buchheim, Hans: Das Grundgesetz und das Konzept des modernen Verfassungsstaates, Mainz 1977.

Carpizo, Jorge: La Constitución Mexicana, 2. Aufl. UNAM México 1973 (1. Aufl. 1969).

— México, poder ejecutivo (1950 - 1975), in: Evolución de la organización político-constitucional en América Latina, Bd. I, México y Centroamérica, UNAM 1978, S. 73.

— El poder ejecutivo en las constituciones de la Independencia mexicana de 1824, in: El predominio del poder ejecutivo en Latinoamérica, UNAM 1977.

Casper, Gerhard und Richard A. *Posner*: The Workload of the Supreme Court, American Bar Foundation, Chicago 1976.

Duguit, Leon: Manuel de droit constitutionel, Paris 1918.

Eckertz, Rainer: Die Kompetenz des Bundesverfassungsgerichts und die Eigenheit des Politischen, Der Staat 1978, 183.

Eichenberger, Kurt: Zusammen- und Gegenspiel repräsentativer und plebiszitärer Komponenten im schweizerischen Regierungssystem, ZParl 1977, 318.

Engisch, Karl: Auf der Suche nach der Gerechtigkeit — Hauptthemen der Rechtsphilosophie, München 1971.

— Einführung in das juristische Denken, 7. Aufl., Stuttgart/Berlin/Köln/Mainz 1977.

Erichsen, Hans-Uwe: Verfassungsgeschichtliche Prolegomena, in: Der Bundesrat als Verfassungsorgan und politische Kraft, Bad Honnef/Darmstadt 1974, S. 19.

Eschenburg, Theodor: Bundesrat — Reichsrat — Bundesrat, in: Der Bundesrat als Verfassungsorgan und politische Kraft 1974.

Esser, Josef: Zum Stand der Argumentationstheorie im Brüsseler „Centre National de recherche de Logique", ARSP LXIV (1978), 437.

Esterbauer, Fried, Guy *Héraud* und Peter *Pernthaler* (Hrsg.): Föderalismus als Mittel permanenter Konfliktregelung, Wien 1977.

Estrada, Rosa: Facultades legislativas del presidente de la República en México, in: El predominio del poder ejecutivo en Latinoamérica, UNAM 1977, S. 249.

Fix-Zamudio, Héctor: Veinticinco años de evolución de la justicia constitucional 1940 - 1965, UNAM México 1968.

— Diversos significados jurídicos del „amparo" en el derecho iberoamericano, in: Rivista di Diritto Agrario (Mailand) 1967, S. 502.

— Der prozessuale Rechtsschutz des Einzelnen in Lateinamerika, in: Journal der Internationalen Juristenkommission, Bd. IX, Genf 1968, S. 69.

— Judicial Protection of the Individual against the Executive in Mexico, in: Gerichtsschutz gegen die Exekutive, Köln 1969, S. 713.

— Quelques aspects de la protection des droits de l'homme dans les rapports entre personnes privées au Mexique et en Amerique Latine, in: Festschrift für René Cassin, Paris 1969, S. 279.

Fix-Zamudio, Héctor: Influencia del derecho angloamericano en la protección procesal de los derechos humanos en América Latina, in: Festschrift für Karl Loewenstein, Tübingen 1971, S. 485.

— La importancia del derecho comparado en la enseñanza jurídica, in: Comunicaciones Mexicanas al IX Congreso Internacional de Derecho Comparado en Teherán 1974, UNAM 1977, S. 145.

— Función del poder judicial en los sistemas constitucionales latinoamericanos, in dem Sammelband gleichen Titels, UNAM 1977.

— Verfassungskontrolle in Lateinamerika, erweitert und aus dem Spanischen übertragen von Hans-Dieter Nahme und Hans-Rudolf Horn, in: JöR NF Bd. 25 (1976), S. 649.

— México: El organismo judicial (1950 - 1975), in: Evolución de la organización político-constitucional en América Latina, Bd. I, UNAM 1978, S. 7, veröffentlicht auch in VRÜ 1977, 391.

— Breve introducción al juicio de amparo mexicano, veröffentlicht durch El Colegio Nacional, Band VIII No. 3/1976, México 1977, S. 141, und auf Englisch unter dem Titel „A Brief Introduction to the Mexican Writ of Amparo", in: Syney Law Review.

Friesenhahn, Ernst: Die Rechtsentwicklung hinsichtlich der Zustimmungsbedürftigkeit, in: Der Bundesrat als Verfassungsorgan und politische Kraft, Bad Honnef/Darmstadt 1974, S. 251.

Fromont, Michael: Vor- und Nachteile dezentralisierter Aufgabenerfüllung in der Staatsverwaltung aus französischer Sicht, in: Wagener, Frido (Hrsg.), Regierbarkeit? Dezentralisierung? Entstaatlichung? Bonn 1976.

— Der französische Staatsrat und sein Werk, DVBl. 1978, 89.

Frowein, Jochen Abr.: 25 Jahre Bundesverfassungsgericht, DÖV 1976, 685.

— Bemerkungen zu den Beziehungen des Bundesrates zu Bundestag, Bundesregierung und Bundespräsident, in: Der Bundesrat als Verfassungsorgan und politische Kraft, 1974, S. 115.

Furtak, Robert K.: Revolutionspartei und politische Stabilität in México, Schriftenreihe des Instituts für Iberoamerika-Kunde, Bd. 12, Hamburg 1969.

Göldner, Detlef: Integration und Pluralismus im demokratischen Rechtsstaat, Bemerkungen zur Doppelfunktion von Einheit und Gegensatz im System des Bonners Grundgesetzes, Tübinger rechtswissenschaftliche Abhandlungen, Bd. 43, Tübingen 1977.

Goerlich, Helmut: Optimierungsaufgaben der Verfassungsinterpretation, in: Rechtstheorie 1977, 231.

Goose, P. E.: Die Normenkontrolle durch den französischen Conseil Constitutionelle, Schriften zum Öffentlichen Recht, Bd. 212, Berlin 1973.

Häfelin, Ulrich: Der kooperative Föderalismus in der Schweiz, in: Zeitschrift für schweizerisches Recht, 1969, 572.

Hahn, Karl und Manfred *Hölscher:* Föderalisierung der Bundesrepublik, in: Esterbauer u. a. (Hrsg.), Föderalismus als Mittel permanenter Konfliktregelung, Wien 1977, S. 115.

Hauriou, Maurice: Principios de derecho público y constitucional, Madrid 1927.

Hennis, Wilhelm, Peter *Graf Kielmannsegg* und Ulrich *Matz* (Hrsg.): Regierbarkeit, Bd. I, Stuttgart 1977.

Hernekamp, Karl: Überseeische Rechtsvergleichung — nicht länger Brachland deutscher Rechtswissenschaft, VRÜ 1976, 291.

Herzog, Roman: Allgemeine Staatslehre, Frankfurt am Main 1971.

— Der Einfluß des Bundesrates auf die Gesetzgebung und Verwaltung des Bundes, in: Der Bundesrat als Verfassungsorgan und politische Kraft, Bad Honnef/Darmstadt 1974, S. 235.

Hesse, Konrad: Aspekte des kooperativen Föderalismus in der Bundesrepublik, in: Festschrift für Gebhard Müller, Tübingen 1970, S. 141 ff.

— Grundzüge des Verfassungsrechts der Bundesrepublik Deutschland, 10. Aufl., Karlsruhe 1977.

Hofmann, Hasso: Legitimität und Rechtsgeltung, Verfassungstheoretische Bemerkungen zu einem Problem der Staatslehre und der Rechtsphilosophie, Schriften zur Rechtstheorie, Heft 64, Berlin 1977.

Horn, Hans-Rudolf: Untersuchungen zur Struktur der Rechtswidrigkeit, Schriften zur Rechtstheorie, Heft 1, Berlin 1962.

— Über Luis Recasens' Siches' Panorama des Rechtsdenkens im XX. Jahrhundert, ARSP Bd. LI (1965), 57.

— México: Revolution und Verfassung, Schriftenreihe des Instituts für Iberoamerika-Kunde, Bd. 10, Hamburg 1969.

— Das Amparo-Verfahren in Mexiko — Grundrechtsschutz und Wahrung staatlicher Autorität in einer sich integrierenden Gesellschaft, VRÜ 1968, 162.

— Individualisierte Normen in Rechtsprechung und Verwaltung, in: Perelman (Hrsg.), Études de Logique Juridique, Brüssel 1976, S. 79.

— Rechtsstaat und Elektrizität, DVBl. 1977, 13.

— Die Natur der Sache als juristischer Argumentationstopos im situativen Bezug, in: Rechtstheorie 1977, S. 165.

— „Die Logik des Humanen" — Zum Tode von Luis Recaséns Siches — ARSP Bd. LXIV (1978), 443.

— Entwicklungslinien des sozialen Rechtsstaates in Mexiko, in: Vierteljahresschrift für Sozialrecht, 1976, S. 335.

— Reflexiones sobre el constitucionalismo social, in: Evolución de organización político-constitucional en América Latina, Bd. I, México y Centroamérica, UNAM, México 1978, S. 191.

— Staatsrechtsdenken und Verfassungsvergleichung in Mexiko, VRÜ 1977, 461.

Horn, Norbert: Rationalität und Autorität in der juristischen Argumentation, in: Rechtstheorie 1975, S. 145.

Imboden, Max: Rousseau und die Demokratie, Tübingen 1963.

Ipsen, Jörn: Wehrdienst, Ersatzdienst und Pflichtengleichheit, ZRP 1978, 153.

— Richterrecht und Verfassung, Berlin 1975.

Jaag, Tobias: Die Zweite Kammer im Bundesstaat — Funktion und Stellung des schweizerischen Ständerates, des deutschen Bundesrates und des amerikanischen Senats, Zürich 1976.

Jakobs, Günter (Hrsg.): Rechtsgeltung und Konsens. Schriften zur Rechtstheorie, Heft 49, Berlin 1976.

Jutzi, Siegfried: Die Deutschen Schulen im Ausland — Eine Untersuchung der Zuständigkeitsverteilung zwischen dem Bund und den Ländern, Baden-Baden 1977.

— Verfassungsprobleme einer erweiterten Bundeszuständigkeit im Bildungswesen, Juristische Schulung 1978, 447.

Kaiser, Joseph H.: Repräsentation, in: Staatslexikon, Bd. VI, 6. Aufl., Freiburg 1961, Sp. 869.

— Die Dialektik der Repräsentation, in: Festschrift für Carl Schmitt, Berlin 1959, S. 71.

Kerr, Henry H.: Die Struktur der Opposition in der schweizerischen Bundesversammlung, ZParl 1977, 357.

Kielmannsegg, Peter Graf (Hrsg.): Legitimationsprobleme politischer Systeme, Sonderheft 7/1976 der Politischen Vierteljahresschrift.

— Volkssouveränität. Eine Untersuchung der Bedingungen demokratischer Legitimität, Stuttgart 1977.

Klöpfer, Michael: Mängelbericht verfassungswidrig, ZRP 1978, 121.

Kriele, Martin: Einführung in die Staatslehre. Die geschichtlichen Legitimitätsgrundlagen des demokratischen Verfassungsstaates, Reinbek bei Hamburg 1975.

— Legitimitätsprobleme der Bundesrepublik, 1977.

— Recht und Politik in der Verfassungsrechtsprechung. Zum Problem des judicial self-restraint, NJW 1976, 777.

Krüger, Herbert: Allgemeine Staatslehre, 2. Aufl., Stuttgart 1966.

— Von der Staatspflege überhaupt, in: Quaritsch, Helmut (Hrsg.), Die Selbstdarstellung des Staates. Vorträge und Diskussionsbeiträge der 44. Staatswissenschaftlichen Fortbildungstagung 1976 der Hochschule für Verwaltungswissenschaften Speyer, Schriftenreihe der Verwaltungshochschule Speyer, Bd. 63, Berlin 1977, S. 21.

— Militärregime in Übersee, Beiheft 8 zu: Verfassung und Recht in Übersee, Hamburg 1976.

— Der Regierungsstaat, Zeitschrift für Beamtenrecht 1978, 117.

La Roche, Humberto J.: Las habilitaciones legislativas en Venezuela, Maracaibo 1976.

— Las habilitaciones legislativas y el populismo en Venezuela, in: El predominio del poder ejecutivo en Latinoamérica, UNAM México 1977, S. 327.

— América Latina y la revolución de las esperanzas en aumento, Maracaibo 1977.

Lanz Duret, Miguel: Derecho Constitucional Mexicano y consideraciones sobre la realidad política de nuestro régimen, 5. Aufl., México 1959 (1. Aufl. 1931).

Laufer, Heinz: Der Bundesrat. Untersuchungen über Zusammensetzung, Arbeitsweise, politische Rolle und Reformprobleme, Bonn 1972.

— Das föderative System der Bundesrepublik Deutschland, München 1973.

Leibholz, Gerhard: Das Wesen der Repräsentation, 3. Aufl. 1966.

— Repräsentation, in: Evangelisches Staatslexikon, 2. Aufl. 1975.

— Strukturprobleme der modernen Demokratie, Neuausgabe der 3. Aufl. 1967, 1974.

Linck, Joachim: Zur Einflußnahme der Landesparlamente auf die Landesregierungen in Bundesratsangelegenheiten, DVBl. 1974, 861.

Lippert, Michael R.: Bestellung und Abberufung des Regierungschefs und ihre funktionale Bedeutung für das parlamentarische Regierungssystem. Entwickelt am Beispiel des deutschen Bundeskanzlers und des britischen Premierministers, Schriften zum Öffentlichen Recht, Bd. 225, Berlin 1973.

Listl, Joseph: Die Entscheidungsprärogative des Parlaments für die Errichtung von Kernkraftwerken, DVBl. 1978, 10.

Loewenstein, Karl: Verfassungslehre, 2. Aufl., Tübingen 1974 (Spanisch: Teoría de la Constitución, Barcelona 1965).

Lücke, Jörg: Bundesfreundliches und bürgerfreundliches Verhalten. Zur bürgerbezogenen Ergänzungsbedürftigkeit des Grundsatzes des bundesfreundlichen Verhaltens, in: Der Staat, 1978, 341.

Luhmann, Niklas: Funktionale Methode und juristische Entscheidung, AöR 1969, 1.

— Legitimation durch Verfahren, 2. Aufl., Darmstadt 1975.

MacKenzie, W. J. M.: Electores y candidatos, in: Pensamiento Político, Núm. 79, Vol. XX, México 1975, S. 397.

Mackintosh, John P.: The Government and Politics of Britain, 3. Aufl., London 1974.

Madrid Hurtado, Miguel de la: Estudios de Derecho Constitucional, UNAM México 1977.

Manelli, Mieczylaw: The New Theory of Argumentation and American Jurisprudence, in: Perelman (Hrsg.), Études de Logique Juridique, Bd. VII, Brüssel 1978, S. 19 ff.

Marcic, René: Verfassung und Verfassungsgericht, 1963.

— Zur Reform der österreichischen Verfassungsgerichtsbarkeit, in: Festschrift für Gebhard Müller, Tübingen 1970, S. 217.

Maste, Ernst: Rousseau — Kulturphilosoph und Staatsdenker, in: aus politik und zeitgeschichte, beilage zur wochenzeitung das parlament, B 26/78 vom 1. Juli 1978, S. 31.

Maunz, Theodor, Günter *Dürig,* Roman *Herzog* und Rupert *Scholz:* Grundgesetz, Kommentar (Loseblatt), München 1958 ff.

Miranda Pacheco, Mario: Crisis de poder y el poder ejecutivo en América Latina, in: Carpizo, Jorge (Hrsg.), El predominio del poder ejectivo en Latinoamérica, UNAM, Mexiko 1977, S. 351.

Mirkin-Getzewitsch, Boris: Die Rationalisierung der Macht im neuen Verfassungsrecht, in: (österreichische) Zeitschrift für öffentliches Recht, 1929, S. 161 ff.

— (Schreibweise im Französischen: Mirkine-Guetzewitch), Les nouvelles tendences du droit constitutionnel, Paris 1931.

Mohl, Robert von: Die Parteien im Staate, in: Weber-Fas (Hrsg.), Der Staat, Dokumente des Staatsdenkens von der Antike bis zur Gegenwart, 1977, S. 147.

Mols, Manfred und Hans Werner *Tobler:* Mexiko. Die institutionalisierte Revolution, Köln/Wien 1976.

Motz, Michael und Peter *Pernthaler:* Der Bundesstaat als staatsrechtliches Instrument der politischen Konfliktregelung am Beispiel der Österreichischen Bundesverfassung, in: Esterbauer u. a. (Hrsg.), Föderalismus als Mittel permanenter Konfliktregelung, Wien 1977, S. 11.

Niemetz, Heinz: Die Wahl des schweizerischen Nationalrates vom 26. Oktober 1975, ZParl 1977, 292.

D'Ohsson, G. N.: Pour une République Fédérale Francaise, Neuchâtel (Schweiz) 1962.

Ossenbühl, Fritz: Die gerichtliche Überprüfung der Beurteilung technischer und wirtschaftlicher Fragen in Genehmigungen des Baus von Kraftwerken, DVBl. 1978, 1.

Perelman, Chaim: Traité de l'Argumentation. La Nouvelle Rhétorique, Brüssel 1958.

— (Hrsg.), Études de Logique Juridique, Brüssel, Bd. VI 1976, Bd. VII 1978.

— Logique Juridique. Nouvelle Rhétorique, Paris 1976.

Pfitzer, Albert: Die Organisation des Bundesrates, in: Der Bundesrat als Verfassungsorgan und politische Kraft, 1974.

Quaritsch, Helmut: 25 Jahre Grundgesetz. Chancen und Aufgaben einer freiheitlichen Verfassung, 1974.

— Demokratisierung — Möglichkeiten und Grenzen, Referat in: Cappenberger Gespräche der Freiherr-vom-Stein-Gesellschaft e.V., Bd. 11, Köln und Berlin 1976.

— (Hrsg.), Die Selbstdarstellung des Staates, Schriftenreihe der Hochschule Speyer, Bd. 63, Berlin 1977.

— Probleme der Selbstdarstellung des Staates, Recht und Staat in Geschichte und Gegenwart, Heft 478/479, Tübingen 1977.

— Der fortschreitende Verfassungsstaat, in: Der Staat, Zeitschrift für Staatslehre, Öffentliches Recht und Verfassungsgeschichte, 1978, S. 421.

Rasehorn, Theo: Von der Ohnmacht der Rechtspflege und der Macht der Juristen, ZRP 1978, 1.

Reibstein, Ernst: Volkssouveränität und Freiheitsrechte, Freiburg/München 1972.

Recaséns Siches, Luis: Panorama del pensamiento jurídico en el siglo XX, México 1963 (2 Bde.).

— The Material Logic of the Law. A New Philosophy of Juridical Interpretation, in: Garzón Valdés, Ernesto (Hrsg.), Lateinamerikanische Studien zur Rechtsphilosophie, Beiheft NF Nr. 4 zu ARSP 1965.

— Experiencia jurídica, naturaleza de la cosa y Lógica „razonable", UNAM México 1971.

— La logique matérielle du raisonnement juridique, in: Hubien, H. (Hrsg.), Le raisonnement juridique, Brüssel 1971, S. 129.

Riklin, Alois: Von der Konkordanz zur Koalition, in: Zeitschrift für Schweizerisches Recht 1974, 507.

— Die Funktion des schweizerischen Parlaments im internationalen Vergleich, ZParl 1977, 368.

Roellecke, Gerd: Verfassungstreue und Schutz der Verfassung, DÖV 1978, 448.

Rohr, Hans Christoph von: Der argentinische Amparo-Prozeß unter Berücksichtigung ähnlicher Verfahrensarten in Brasilien, Mexiko und Peru, Bonner Rechtswissenschaftliche Abhandlungen, Bd. 83, Bonn 1969.

Rupp-v. Brüneck, Wiltraut: Darf das Bundesverfassungsgericht an den Gesetzgeber appellieren?, in: Festschrift für Gebhard Müller, Tübingen 1970.

— Landesbericht der Bundesrepublik Deutschland für die Dritte Konferenz der Europäischen Verfassungsgerichte, AöR 102 (1977), S. 1 ff.

Russel, Bertrand: Philosophie des Abendlandes, Frankfurt (M) 1950.

Sailer, Christian: Verfassungsbeschwerde im Zwielicht, ZRP 1977, 303.

Saladin, Peter: Holzwege des „kooperativen Föderalismus", in: Festschrift für Tschudi, Bern 1973, S. 238.

Sánchez Agesta, Luis: Principios de Teoría Política, 6. Aufl., Madrid 1976.

— Curso de Derecho constitucional comparado, 6. Aufl., Madrid 1976.

— La ciencia política y el analisis del proceso de decisión, Aufnahmevortrag für die Real Academia de Ciencias Morales y Políticas, von dieser veröffentlicht Madrid 1978.

Schäfer, Hans: Der Vermittlungsausschuß, in: Der Bundesrat als Verfassungsorgan und politische Kraft, 1974.

Schenke, Wolf-Rüdiger: Die Verfassungsorgantreue, Schriften zum Öffentlichen Recht, Bd. 325, Berlin 1977.

Scheuner, Ulrich: Konsens und Pluralismus als verfassungsrechtliches Problem, in: Jakobs (Hrsg.), Rechtsgeltung und Konsens, Schriften zur Rechtstheorie, Heft 49, Berlin 1976.

Schlink, Bernhard: Abwägung im Verfassungsrecht, Schriften zum Öffentlichen Recht, Bd. 299, Berlin 1976.

Schmid, Gerhard: Föderalismus und Ständerat in der Schweiz, ZParl 1977, 334.

Schmill Ordóñez, Ulises: El sistema de la Constitución Mexicana, México 1971.

Schmitt, Carl: Verfassungslehre, 4. Aufl., Berlin 1965 (Neudruck der 1928 erschienenen ersten Auflage). Mehrfach ins Spanische übersetzt: Teoria de la Constitución, Madrid 1934 und México 1961.

— Der Hüter der Verfassung, AöR Bd. 55 (1929), S. 161.

— Der Hüter der Verfassung, Berlin 1931. Übersetzung ins Spanische: Defensa de la Constitución, Barcelona 1931.

Schmitthoff, Clive M.: Die künftigen Aufgaben der Rechtsvergleichung, JZ 1978, 495.

Schreckenberger, Waldemar: Über die Pragmatik der Rechtstheorie, in: Jahrbuch für Rechtssoziologie und Rechtstheorie, Bd. 2, Gütersloh 1971, S. 561.

— Rhetorische Semiotik. Analyse von Texten des Grundgesetzes und von rhetorischen Grundstrukturen der Argumentation des Bundesverfassungsgerichts, Freiburg i. Br. 1978.

— Föderalismus als politischer Handlungsstil, VerwArch 1978, 341.

Seifert, Karl Heinz: Zur Rechtsstellung der politischen Parteien, DÖV 1956, 1.

— Die politischen Parteien im Recht der Bundesrepublik Deutschland, 1975.

— Anmerkung zur BVerfGE vom 2. März 1977 in DÖV, 282, DÖV 1977, 288.

da Silva, José Afonso: Curso de Direito Constitucional Positivo, Bd. I, São Paulo 1976.

Spiro, Herbert: Comparative Politics, a Comprehensive Approach, in: American Political Science Review, 1962, S. 577.

Stern, Klaus: Das Staatsrecht der Bundesrepublik Deutschland, Bd. I, Grundbegriffe und Grundlagen des Staatsrechts, Strukturprinzipien der Verfassung, München 1977.

Stone, Julius: Legal System and Lawyers' Reasoning, London 1964.

Tena Ramírez, Felipe: Derecho Constitucional Mexicano, 14. Aufl., México 1976 (1. Aufl. 1944).

Tohidipur (Hrsg.): Verfassung, Verfassungsgerichtsbarkeit und Politik, 1976.

Valadés, Diego: La dictadura constitucional en América Latina, UNAM México 1974.

— El poder legislativo en México, in: Fix-Zamudio (Hrsg.), Evolución de la organización político-constitucional en América Latina, Bd. I. México y Centroamérica, UNAM México 1978, S. 49.

Valencia Carmona, Salvador: El ejecutivo latinoamericano y su contexto, in: Carpizo (Hrsg.), El predominio del poder ejecutivo en Latinoamérica, UNAM México 1977, S. 425.

Viehweg, Theodor: Topik und Jurisprudenz, 5. Aufl. München 1974 (1. Aufl. 1953).

— Schritte zu einer rhetorischen Rechtstheorie, in: Festschrift für Thomas Würtenberger, Berlin 1977, S. 3.

— Rhetorik, Sprachpragmatik, Rechtstheorie, in: Festschrift für Helmut Schelsky, Berlin 1978, S. 717.

Vogel, Bernhard: Machtkontrolle und Machtbalance — Zur Rolle des Bundesrates, in: Festschrift für Dolf Sternberger, München 1977, S. 384.

Vogel, Hans-Jochen: Videant judices! Zur aktuellen Kritik am Bundesverfassungsgericht, DÖV 1978, 665.

Wagener, Frido (Hrsg.): Regierbarkeit? Dezentralisation? Entstaatlichung?, Bericht über die verwaltungswissenschaftliche Fachtagung der Deutschen Sektion des Internationalen Instituts für Verwaltungswissenschaften in Hamburg, Bonn 1976.

— Gemeinsame Rahmenplanung und Investitionsfinanzierung, DÖV 1977, 587.

Weber, Karl: Föderalismus als Instrument demokratischer Konfliktregelung, in: Esterbauer u. a. (Hrsg.), Föderalismus als Mittel permanenter Konfliktregelung, Schriftenreihe des Instituts für Föderalismusforschung, Bd. 6, Wien 1977, S. 51.

Weber-Fas, Rudolf (Hrsg.): Der Staat — Dokumente des Staatsdenkens von der Antike bis zur Gegenwart, 1977.

Wehner, Friedrich: Der mexikanische Präsidialismus und die Verfassung, VRÜ 1977, 381.

— Grundlagen einer mexikanischen Verfassungsgeschichte, Beiheft 9 zu Verfassung und Recht in Übersee, Hamburg 1978.

Würtenberger jr., Thomas: Die Legitimation staatlicher Herrschaft, Berlin 1973.

Zacher, Hans F.: Die Selektion der Verfassungsbeschwerden — die Siebfunktion der Vorprüfung, des Erfordernisses der Rechtswegerschöpfung und des Kriteriums der unmittelbaren und gegenwärtigen Betroffenheit des Beschwerdeführers, in: Bundesverfassungsgericht und Grundgesetz, Bd. I, Tübingen 1976, S. 396 ff.

Zippelius, Reinhold: Legitimation durch Verfahren? in: Festschrift für Karl Larenz, München 1973, S. 292.

— Einführung in die juristische Methodenlehre, 2. Aufl. 1974.

— Freiheit, in: Evangelisches Staatslexikon, 2. Aufl., Stuttgart/Berlin 1975, Sp. 746.

— Verfassungskonforme Auslegung von Gesetzen, in: Bundesverfassungsgericht und Grundgesetz, Tübingen 1976, S. 108.

— Rechtsphilosophische Aspekte der Rechtsfindung, JZ 1976, 150.

— Das Wesen des Rechts, 4. Aufl. 1978.

— Allgemeine Staatslehre (Politikwissenschaft), 6. Aufl. München 1978.

— Auslegung als argumentativer Auswahlprozeß, in: Festschrift für Maximilian Nüchterlein, 1978, S. 345.

— Verlust der Orientierungsgewißheit?, in: Festschrift für Helmut Schelsky, Berlin 1978, S. 777.

Zuck, Rüdiger: Das Bundesverfassungsgericht als Dritte Kammer, ZRP 1978, 189.

FSC
www.fsc.org
MIX
Papier | Fördert gute Waldnutzung
FSC® C083411

Kolibri 360 GmbH
Ferdinand-Jühlke-Straße 7
99095 Erfurt, Deutschland
produktsicherheit@kolibri360.de

Druck:
CPI Druckdienstleistungen GmbH
im Auftrag der
Kolibri 360 GmbH
Ferdinand-Jühlke-Str. 7
99095 Erfurt